Ferdinand Dieter

Über Sprache und Mundart der ältesten englischen Denkmäler,

der Epinaler und Cambridger glossen, mit Berücksichtigung des Erfurter Glossars

Ferdinand Dieter

Über Sprache und Mundart der ältesten englischen Denkmäler,
der Epinaler und Cambridger glossen, mit Berücksichtigung des Erfurter Glossars

ISBN/EAN: 9783743489998

Hergestellt in Europa, USA, Kanada, Australien, Japan

Cover: Foto ©ninafisch / pixelio.de

Manufactured and distributed by brebook publishing software (www.brebook.com)

Ferdinand Dieter

Über Sprache und Mundart der ältesten englischen Denkmäler,

Ueber sprache und mundart

der

ältesten englischen denkmäler,

der

Epinaler und Cambridger glossen,

mit berücksichtigung des Erfurter glossars.

Studien

zur altenglischen grammatik und dialektologie

von

Ferdinand Dieter.
Dr. phil.

Göttingen.
Academische Buchhandlung von G. Calvör.
1885.

Herrn

Professor Dr. Arthur Napier

als ein zeichen der dankbarkeit

gewidmet.

Eine grammatische behandlung von glossen, die vielfach nach gestalt und bedeutung dunkel sind, muss naturgemäss von der aufhellung derselben, soweit eine solche möglich ist, begleitet sein. bisher ist, was den letzteren punkt angeht, für die Epinaler, Corpus und Erfurter gll. noch wenig genug getan. · ausser einigen erklärungsversuchen, die Wright und Wülker zu den C. gll. geben, einigen bemerkungen von Skeat, Sweet und Zupitza in der Academy 9. febr., 26. apr., 10. mai 1884 sind nur noch die erklärungen von Sievers, Engl. Studien VIII 150 ff. zu nennen, die zwar umfassender als die vorigen sind, aber dennoch den stoff bei weitem nicht erschöpfen und nicht erschöpfen wollen. so hatte ich noch einer nicht unbedeutenden aufgabe in der nachstehenden abhandlung gerecht zu werden. wenn hie und da ein irrtum oder eine lücke in derselben sich zeigen sollte, so wird der am meisten dies entschuldigen, der aus eigenen studien die schwierigkeiten erkannt hat, welche der erklärung solcher vielfach nur in der glossenlitteratur auftretender, häufig entstellter und verstümmelter wörter in den weg treten.

Was das grammatische· betrifft, so habe ·ich mich — das versteht sich von selbst — an ·Sievers' ags. gramm. und dessen ergänzungen zu derselben, beiträge IX 197 ff. angeschlossen. auch die gründliche arbeit R. Zeuners über die sprache des sog. kent. psalters hat mir als muster gedient· die belege aus den Ep. und Corpus gll. habe ich mit möglichster vollständigkeit aufgeführt, für die letzteren natürlich auch die in den Engl. Stud. VIII 150 f. von Sievers nach Sweets lesung gegebene collation benutzt. den Erfurter gll., welche durch ihren hochdeutschen schreiber in ganz unglaublicher weise entstellt sind und zudem nur in der einer collation dringend bedürftigen ausgabe von dr. F. Oehler aus dem j. 1847 vorliegen, mochte ich nicht die gleiche aufmerksamkeit zuwenden wie den ersteren. über das verhältnis der der handschriften der drei glossare hat Sweet in der einleitung zu seiner ausgabe des „Epinal Glossary" gehandelt; es liegt nicht in meiner absicht, das dort gesagte zu widerholen. Zum schluss habe ich noch die angenehme pflicht, herrn prof. dr. A. Napier für die liebevolle teilnahme und unterstützung, an der er es während der abfassung dieser arbeit niemals hat fehlen lassen, meinen wärmsten dank auszusprechen. auch herrn prof. dr. E. Steinmeyer in Erlangen sage ich für die freundliche auskunft betreffs der elwanger gll. meinen verbindlichsten dank.

F. D.

Verzeichnis der hauptsächlichsten in der abhandlung vorkommenden abkürzungen.

Ep. = »The Epinal Glossary« ed. with transliteration; introduction aud notes by Henry Sweet, M. A. London 1883.
C = Cambridger Glossen (Corpus Christi College, No. XCLIV) herausg. in den »Anglo-Saxon and Old English Vocabularies« von Thomas Wright, 2 ed. von R. P. Wülcker, London 1884 pag. 1 ff.
W—W. wird als abkürzung des ganzen werkes gebraucht.
Erf. = Erfurter glossen, herausg. in »Neue Jahrbücher für Philologie und Pädagogik«, dreizehnter supplementbd. Lpz. 1847. pag. 257— 297 und 325—387 von Dr. Fr. Oehler. bei der einrichtung des buches scheint es mir am zweckmässigsten, die citate nach dem anfangsbuchstaben des lat. wortes und der zahl innerhalb des bot. buchstaben zu geben. dabei ist zu beachten, dass immer das erste der drei abgedruckten glossare gemeint ist.
E. S. = Englische Studien.
B-T. = Bosworth-Toller »A—S. dictionary«.
Ettm. = Ettmüller, »Lexicon Anglosaxonicum«.
Leo = Leo, »Angelsächsisches glossar«.
Beitr. = Beiträge zur Geschichte der deutschen Sprache und Literatur von Paul und Braune.
Sievers, gr. = Angels. grammatik von E. Sievers, Halle 1882.
misc. = Miscellen zur ags. grammatik in den Beitr. IX, 197 ff.
Cosijn = Cosijn, Altwestsächsische Grammatik, erste hälfte. Haag 1883.

Kapitel 1.

Vocalismus.

A. Die betonten vocale.

§ 1.

Das kurze a.

A, entsprechend german. kurzem *a*, erscheint in Ep.:
1. vor gedecktem *l*; die belege sind: *halbae* 2 b 33. *spaldr* 2 b 36. *aldot* d 1. *scaldthyflas* 2. *tohald* f 21. *malt* 6 b 2. *calc* f 20. *hualb* 7 b 32 (ws. *hwealf*). *caluuaer*[1]) 10 f 9. 14. *uualh-hebuc* 11 d 35. — *uuyrt* 12 b 29. — *morae* 19 f 28. *sualuuae* 11 d 37. 20 d 8. *saldae* 12 d 3. *laempihalt* 13 f 4. *anuuald* 14 d 25. *salb* 15 b 2. *scalfr* 15 b 24 (ws. *scealfor*). *scytihalt* 16 f 23. *fifaldae* 19 b 22. *foraeuuallum* 22 d 16. *haldae* 22 d 7. *haldi* 18 b.29. *salch* 23 d 33. *halbclungni* 24 b 28. *edwalla* 28 b 33.

Nur einmal findet sich die brechung *ea*: *fealga* 17 b 19 (vergl. W-W. 463, 20. 518, 14 und 495, 20 verschrieben *wealh*), C. hat an der entsprechenden stelle *faelging* 35, 24.

C. hat vor *l* + kons. *a* ausnahmslos ungebrochen erhalten. die belege sind: *halfe* 5, 2. *half* 13, 30. *spaldur* 7, 22.

---

1) Cf. Bosw.-T. unter *cealre*, eine form, welche wol fälschlich als nominativ angesetzt ist. *cealre* ist, wie es scheint, nur dat. instr. von *calwer* (*cealwer*), vergl. W-W. 24, 3. 8. 413, 3. 2. 281, 2. 197, 27. Wright hat unrecht, wenn er (W.-W. 12, 14) zu *caluuerclim* (*caluarium*) anmerkt »for *caluaria* the place of skulls«, vergl. W.-W. 197, 27. der zweite teil des compositums -*clim* gehört vielleicht zu dem vermuteten st. v. *climan*, Ettmüller 395. über die bedeutung des wortes kann kein zweifel sein.

aldaht 5, 5. *scaldhyflas* 6. *to-hald* 3, 39. *lemphalt* 31, 6. *scytehald* 34, 42. *haldi* 38, 25. *suaehalde* 43, 21. *malt* 9, 33. *calc* 10, 14. *hualf* 13, 39. *caluuer* 24, 3 — *clim* 12, 14. *liimcaluuer* 24, 6. *calwer* 24, 8. *walch-habuc* 25, 24. — *wyrt* 26, 42. 18, 34. — *more* 37; 26. *sualuue* 25, 31. 41, 38. *staedsuualwe* 44, 2. *salde* 27, 12. *anuualda* 33, 1. *onwald* 45, 20. *salf* 31, 30. *scalfur* 32, 24. *fiffalde* 37, 8. *foreuuallum* 44, 8. *salh* 44, 27. *halfclungni* 46, 25. *cualmstou* 1, 2. *utcualm* 28, 28. *megcualm* 38, 5. *aqualdun* 34, 13. *calwa* 5, 13. *ald* 6, 9. 46, 35. *hald* 12, 41. *palstr* 14, 29. 16, 28. *bisuicfalle* 17, 1. *asualt* 17, 37. *aldur* 17, 38. *bald* 23, 17. 20. *gewaldledrum* 25, 17. *wal-crigge* 25, 27. *-cyrge* 50, 40. *muusfalle* 33, 19. *widerstal* 35, 9. *stal* 48, 10. *anfald* 47, 6. *sionuualt*[1]) 51, 18. *challes* 5, 18 (?). dafür begegnet doppeltes a in *haalstaan*[2]) 16, .10.

- **Erf.** *halbe* a 149. *spaldur* 152. *aldot* 154. *scald hyblas* 156. *tohald* 214. *lemphi halt* l 73. *sestihalth* o 22. *hahdi* (!) p 55. *halb* c 57. *caluuer* g 39. *uualh-* h 46. i 66. p 242. *sualnuae* h 48. *anuald* m 16. *salb* 71. *scalfr* 91. *ucualdra* p 161. *foreuuallum* r 39. *edualla* v 30. *salli* s 64. *halb clungni* s 138 etc.

2. *a* vor nasalen (vergl. § 11, 2).

Ep. hat mit einer einzigen ausnahme: *onettae* 17 b 15. vor nasalem *a* in der schreibung erhalten.

es ist belegt *a*. vor n + kons.: *anga* 2 b 24. *uulanclicae* 3 b 15. *aeggimang* 17 b 4. *angseta* 19 b 39; *brandrad* 1 b 21. *brand* 26 f 4. *-pannae* 1 b 22. 19 d 23. 23 b 23. *handuyrp* (für *handuyrm*) 5 f 30. *-ful* 15 b 21. *randbeag* 6 d 11. *sandae* 7 d 11. *mand* 7 d 20. 8 d 25. 21 f 8[3]). *uuannan* 13 d 8. *geormantlab*[4]) 15 b 32. *andlcac* (von *andlúcan*) 22 d 15. [*wand* 27 b 15]. *uuandaeuuiorpae* 27 d 22. *asuand* 27 d 1. 11 b 33, so auch stäts in dem praefix *an: ansucop*

---

1) Vergl. W.-W. 133, 26. 179, 26. 27. 28 u. ö.
2) Vergl. *halstanum* W.-W. 505, 9. *healstan* etc. ib. 364, 36. 495, 28. 372, 17. dieses altengl. wort begegnet auch in den ahd. sogen. Zwiefaltener glossen, vergl. Steinmeyer und Sievers, Die ahd. glossen, I pag. 342, 9. 414, 24.
3) *qualiis* für *qualus*.
4) Das *t* fehlt in den sonstigen belegen des wortes, vergl. W.-W. 301, 27. 486, 35. 135, 27. Leo, wb. 407, 46. 561, 56. C. 32, 5 hat dasselbe in *gearwanleaf* umgedeutet.

§ 1. das kurze a.

2 b 11. *anhriosith* 12 b 32. *anslegaengrac* 12 d 15. *anhaebd* 24 b 3. *ansuebidum* 24 d 3. *anstigan* 27 d 9. *β*. vor einfachem n: *an* 2 f 16. *hran* 6 d 3. *suan* 9 d 31. 16 f 41· *gespan* [1]) 14 d 30. *þan* 21 f 18; *holthana* 2 b 22. *uuorhana* [2]) 9 d ·10. *uuananbeam* 9 d 3. *ganot* 9 d 4. *granae* 15 b 20. *huuanan* 28 d 34. *γ*. vor gedecktem m: *hramsa* 2 d 3. 4. *camb* 7 d 6. 20 b 38. *ambehtae* 7 d 10. *ambect* 22 d 8. *suamm* 9 d 14. *framlicae* 24 d 8. *amprae* 28 b 40. *δ*. vor einfachem m: *ham* 6 f 26, zweimal vor auslautendem m mit doppeltem a: *fraam* 2 d 32 (*acris*). *haam* 8 f 31 (*camisa*); *hama* 11 f 24. *scamu* 18 b 2.

C. Im gegensatz zu *Ep.* zieht *C.* vor nasalen die schreibung *o* vor. *α* findet sich nur in: *α*) *aegmang* 4, 29. *gegangendo* 14, 46. *bigangum* 20, 6. *gegandende* 12, 28. *brandrod* (vielleicht verschrieben für *brondrad*) 5, 38. *mand* 14, 6. 27. 42, 27. *asuand* 25, 21. *handgand* 17, 14. *candeltuist* 19, 18. *handle* 48, 9. *andwisnis* 20, 5. *andmitta* 20, 20. *answuacp* 4, 24. *ansceat* 20, 18. *anfindo* 17, 25. *β*) *suan* 22, 26. 25, 35. *hran* 38, 9. *wananbeam* 23, 29. *anoda* 22, 39 (cf. Ettmüller p. 11). *þanan* 26, 7. *granac* E. S. 33, 21. *γ*) *wulfescamb* 10, 25. *ambaect* 43, 5: *ampre* 52, 22. 16, 1. *amber* 54, 28. *ambras* 10, 16. *camb* 39, 7. *δ*) *ha*[*a*]*m* 10, 41. *hama* 26, 14.

dagegen *o*: *α*) *onga* 6, 31. *wlonclī* 4, 8. *aeggimong* 35, 32. 35. *oncgseta* 42, 18. *stonc* 20, 9. *tong* 22, 42. *ordonc* 32, 16. *gecrong* 35, 25. *-ponne* 7, 3. 51, 37. 11, 37. *hond* — 9, 31. 29, 34. 31, 36. *rondbaeg* 10, 3. *sondæ* 13, 43. *wonnan* 30, 13. *brond* 50, 41. 44, 14. *asuond* 50, 4. *wond* 49, 39. *wondeuucorpe* 49, 41. *gabulrond* 13, 11. *condel* 23, 26. 37. *blondu* 28, 19. *geblonden* 28, 22. *huonhlot* 37, 39. *scond* 45, 29. *asuond* 50, 4. *lond* 50, 18. *ond* 54, 10. *on* (für *ond*) 7, 32. *insondgewearp* 28, 17. *onsueop* 7, 29. *onhriosed* 26, 44. *onligenre* 27, 19. *onsuebdum* 47, 25. *onhcawas* 14, 2. *onsaelid* 16, 43. *onscacan* 17, 29. *onfilti* 26, 38. *ongong* 28, 9. 12.

---

1) *murica* = *myrica*.
2) Bei Leo 520, 62. 584, 18 als *por-hana*, das aus der verwechslung von ae. *p* mit der rune wên sich erklärt. vergl. W.-W. 260, 4. 285, 13. 402, 3 u. ö.

10 Vokalismus.

onhlingo (u) 28, 18. onginnendi¹) 36, 21. onsuapen 28, 24.
β) on 5, 2. 19, 42. gespon 33, 15. aecdon 42, 33. eorodmon 18, 26. suon 35, 33. fon 52, 28. auch bei metathese horn (? rannte) 1, 8. horn (balaena) 8; 19. hona 3, 17. 21, 13. huonan 54, 17. wonung 17, 30. gonot²) 23, 30. seolfbonan³) 9, 9. geabulesmonung 20, 41. windfona 45, 11, und selbst wenn bei metathese r vor das n tritt cornoch, cornuc 25, 2. 3. (ahd. kranuh). γ) hromsa 3, 20. hromsan crop 21. fromlice 18, 45. 34, 4. 38, 14. 48, 22. fromra 41, 18. lomb 19, 26. omber 47, 2. momna⁴) 47, 34. δ) suom 23, 32. hom 13, 35. wom 17, 43. from 43, 23. 18, 46. stom⁵) 8, 29. 9, 17. scomo 42, 15. omer 45, 30. fedrhoman 50, 7.

Auch in **Erf.** wird a und o promiscue gebraucht: α) anga a 140. angreta p 178. mand q 1. ansuand h 6. uuannan l 39 etc. β) suan f 68. o 40. holtana a 138. ganod etc. γ) hramsa a 157. uulfescamb c 68 etc. δ) haam c 236 etc. neben: α) brondrad a 21. fyrponnae 22. uuond t 95. aeg gimong o 44. β) hron b 51. don q 11.. uuonànbeam f 42. γ) fromlicae s 158. omprae v 36. δ) from a 187. hom c 13. scoma p 28 etc. etc.

3, **a in offener silbe.**

a) bei dunkelem vokal der folgenden silbe (selten tritt brechung ein, cf. § 19, 4): aslacudae 11 b 34. ragu 14 f 17. haca 20 b 9. lundlaga 22 b 18. borohaca⁶) 26 f 30, sadol 24 b 17. suadu 25 b 26. spadan 28 d 25. gata loc 27 b 31, uuapul 9 f 17. apa 20 d 7. apuldur 15 b 4. 6. thrauu 2 b 35 (vergl. § 30, 2). hara 14 b 1. tasol 26 f 33.

b) bei hellem vocal der folgenden silbe (æ, e, ı): auuel 1 f 9. cladersticca 3 f 2. nabae 14 f 13. habern 16 b 34 (ws. hæfern). gladinae⁷) 24 b 10. quatern 21 f 23.

---

1) or, verstümmelte form zum verbum oriri.
2) funix für fulix.
3) Sweet seolfboran, die bedeutung spricht für W.'s lesung.
4) vergl. Wülkers anm. und W-W. 74, 30.
5) altnord. stamr. später begegnet nur das erweiterte stamor, so Ælfr. gr. gl. Zupitza 304, 16 und häufig W.-W.
6) für bordthaca.
7) nach Skeat, Acad. May 10, 1884 aus lat. gladiolus, vergl. die glosse W.-W. 301, 15.

C. a) *asclacade* 25, 22. *ragu* 33, 3. *lundlaga* 43, 11. *gagulsuille*¹) 23, 41. *maga* 48, 39. *draca* 51, 6, *sadol* 46, 20. *spadan* 52, 23. *gataloc* 51, 4. *geladade* 4, 13, *wapul* 21, 18. *apuldur* 31, 31. 32, 21. *apa* 39, 22. *nabogar* 44, 11. *mushabuc* 47, 33. *nabula* 54, 13, *hara* 30, 5. *falu* 24, 22. *scala* E. S. 24, 27. *acxfaru* 6, 22. *thrauuo* 6, 39.
b) *clader* 6, 7. *awel* 7, 6. *laser* 54, 41. **Erf.** a) *aslacudae* h 7. *ragu* m 47. *lundlaga* r 2, *satul* s 127. *gatanloc* t 111, *uuapul* f 93, *tasul* t 73 etc. b) *hafern* n 37. *quaterni* q 16. *auuel* a 86.

4. *a* in geschlossener silbe.
α. vor r + kons. *sparuua* 23 f 15, sonst tritt brechung ein, vergl. § 19.
β. sonst: *stappa* 5 f 26. *maffa* 17 d 23 (?), nûr scheinbar in *nabfogar* 27 b 12.
C. α) *neopouard* 1, 5. *puarm* 45, 15. *tharme* 54, 2. *sarwo* 4, 11. (sonst brechung). β) *catte* 21, 45. *maffa* 36, 1.
Doppeltes *a* steht in *paat* 12, 16 (*callis*) = ws. *pæd*.

§ 2.
Die tonerhöhung des kurzen a.

1. Die tonerhöhung des *a* erscheint in *Ep.* wie im ws. gewöhnlich als *æ* (in Ep. stäts geschrieben *ae*)²), so: im praet. sg. der 1. klasse st. verba, *uuraec* 2 f 15. 27 b 2. *bigaet* 17 b 6. *uuaes* 12 b 35. 37. im part. praet. *forslaegen* 20 b 24. sonst in offener silbe *uua[e]ter* 8 f 10. *aedilra* 10 f 17. *fraehraedae* 18 b 5. *steupfaedaer* 28 b 35. *haecilae* 13 d 2. [18 b 14]. *fæcilae* 9 b 25, sogar *scaedugeardas* 26 f 15. in geschlossener silbe *hraebrebletae*³) 5 f 28. *staeb-* 6 b 9. 13 d 9. *naesgristlae* 7 b 5. *gihaeplice* 7 d 37. *librlaeppan* 9 b 23. *aetgacru* 9 f 3. *hraebn* 16 b 15. 18. 21 f 24. 28 d 22. *blaecteru* 16 b 23. *aepl* 20 d 10. *faetmaendi* 24 b 38. — *aern*⁴) 27 d 6. vor einfachem, auslautendem kons.: *scaet* 6 d 16. *hraen* 9 b 8. *smacl* 10 f 12. *ludgaet* 18 b 16. *staer* 23 f 30.

---
1) wahrscheinlich für *gagulsuilled*, cf. W.-W. 412, 35.
2) verschlungenes *æ* zeigt Ep. nur in *faerucæ* 26 f 30 (? vergl. das facsimile) und *fæcilae* 9 b 25.
3) ws. *hæferblæt*.
4) cf. Beitr. IX p. 210 (§ 79 anm. 2).

12 Vokalismus.

2. Neben dem gewöhnlichen *ae* begegnet nun auch *e* als tonerhöhung des kurzen *a*: *teblae* 1 b 36. *teblere* 37.. *tebelstan* 6 f 38. *reftras* 1 d 8. *sceptloum* 3 b 1. *lebil* 14 f 30. 26 f 26. *hraebrebletae* 5 f 28. *blec* 6 b 20. *snegl* 15 b 28. -*as* 8 b 17. *huet* 13 f 29. *forsleginum* 18 b 19 (cf. 20 b 24). bei einigen der beispiele könnte man auch an umlaut denken.
C. 1. praet. *wraec* 4, 17. 51, 14. *bigaet* 35, 6. *waes* 27, 7. 9. part: *forslægen* 41, 35. *forslaegenum* 41, 8. *slaegen* 39, 8. *gegaelen* 28, 4. offn. silbe: *uuæterþruh* 10, 38. *unaedilsa* 24, 44. *haecile* 29, 9. 36, 35. *fraehracdc* 41, 2. *steopfaeder* 53, 29. *raece* 2, 8. *fraefele* 7, 24 (ahd. *frafali*). *fægen* 14, 38. 54, 19. *slaege* 15, 32. *asclaecadun* 18, 11. *naec[a]d* 20, 35. *slaece* 19, 5. *bæce* 28, 30. *gedaebeni*[1] 17, 13. *raecedlic* 37, 1. *deadraegelum* 37, 6. *hacca* 39, 2. *scaebe* 40, 23. *hlaegulendi*[2]) 9, 27.
in geschl. silbe: *haebrebletc* 9, 4. *staef-* 8, 15. 31, 1. 35, 38. *naesgristle* 10, 20. *gchaeplicc* 14, 19. *librlaeppan* 22, 10. *ætgaer-u* 23, 15. -e 6, 3. *ægtæro*[3]) 21, 22. *scaeptloan* 25, 13. *maedle* 27, 33. *hraefn-* 34, 21. 42, 35. 15, 4. *gegaedradon* 14, 7. *scær* 2, 13. *winfaet* 6, 26. *cract* 10, 37. *lehtfaet* 29, 35. *scraeb* 32, 32. *haet* 32, 39. *hraed* 39, 17. *daet* 40, 10 u. ö.

2. *e* als tonerhöhung von *a* erscheint in C. in folgenden wörtern: *tebl* 4, 34. *tcblere* 4, 35. *teblstan* 10, 19. *reftras* 5, 31. *sceptloum* 5, 37. *lebil* 31, 27. *lebl* 51, 26. *haebreblete* 9, 4. *snegl* 31, 41. *sneglas* 14, 26. *blectha* 53, 28. *etspe*[4]) 1, 16. *geþrec* 6, 25. *lebel* 6, 32. *uuyndecreft* 7, 12. *heber* 11, 29. *cleppetende*[5]) 11, 41. *scohncgl* 13, 25. *gegederung* 14, 45 (vergl. 14, 7).

---

1) *debita pensio*; *gedaebeni geabuli* ist vom schreiber, der *pensio* für einen dat. abl. hielt, aus dem nom. entstellt. Erf. bewahrt das richtige *gedebin gebil*. *gedaebeni* ist part. eines sonst untergegangenen st. v. **dafan*, cf. Sievers, beitr. IX 284.
2) cf. W.-W. 358, 29. B.-T. schlägt ohne not änderungen vor. das verbum kommt doch wol von dem von Ettm. 490 belegten adj. *hlagol*.
3) für *ætgæro*, nicht wie Wülker angiebt, für *ætgær*.
4) Sweet, introd. zu Ep. Xb: »For *saeppae* (in Ep.) C: has *etspe*; the original gloss was perhaps *abies: saeppe* et *espe*. *etspe* may, however, be a corruption of *saeppe*«.
5) vgl. Ettm. 391.

Erf. *steblidrae* b 23. *blecthrust fel* (= *blcc thrustfel*) 34. *tefil* a 37. *tebl. re* 38. *sceptloum* a 231. *hebrebletae* b 5. *snegl* l 115. — *as* c 151. *lebil* m 60 etc.

§ 3.
Der umlaut des kurzen a.

α) Derselbe erscheint wie im ws. als *e* vor *b(bb)*, *c (cc)*, *d (dd)*, *f* (in Ep. geschr. *b*), *g*, *r*, *t*: *uueb(b)* 9 f 4. 27 b 29. 33. *neb* 22 d 1. *frecnis* 10 f 13. *snecca*[1]) 17 d 29. *bed* 25 b 25. *bedd* 8 f 29. *hebild* 13 f 28. *cebisae* 18 b 20. *ansuebidum* 24 d 3. *stegn* 7 f 7. *segg* 10 d 27. 25 b 20. *egisigrima* 13 b 36. *geregnodae* 14 d 18. *berię* 2 d 13. *bisceredae* 2 d 34. *berecorn* 19 f 15. *heringas* 23 f 32. *here* 24 b 8. *cetil* 6 f 29. *gisettae* 7 d 15. — *an* 12 d 24. 17 b 7. *mettocas* 13 b 20. 13 f 1. 22 d 29. *nettae* 17 b 2. *onettae* 17 b 15.

β) Als *ae* (*ę*) hingegen erscheint der umlaut:

1. gern vor nasalen *denid* 1 d 28. 9 d 4. *haen* 17 b 20. *graennung* 22 b 20. *lęndnum* 7 f 37. *lęndino* 22 b 31. *aend* 2 f 23. *gimaengiungiae* 7 d 35. *gimaengdae* 12 d 25. *faengae* 17 f 35. *gifraemith* 17 f 33. — *id* 18 d 1. *gigręmid* 12 b 17. *aemil* 10 f 27. *graemid* 13 d 14. f 9. *caempan* 10 f 19. *giuuaemmid* 12 d 22. *laempihalt* 13 f 4.

daneben auch als e: *menescillingas* 13 b 37. • *anhendi* 14 f 14. *mengio* 15 b 36. *gimengidlicę* 18 b 25. *lectinadl*[2]) 26 f 34. *fremu* 6 b 8.

2. vor f + kons. *staefnęndra* 2 d 36. *gistaebnęndrae* 22 d 3. *anhaebd* 24 b 3.

3. vor s + kons. (auch das ws. hat in diesem falle meist *æ*, Sievers § 89 anm.): *faestin* 27 d 9. *-num* 3 b 10. *aesc* 19 d 2. 9 f 30. 9 d 1. 7 b 37. *maestun* 24 b 27; daneben aber *cordrestae* 8 b 26. *restaendum* 9 f 11.

4. vor l + kons.: *baelg* 10 b 21. *'aeldrum* 12 d 29. *aelbitu* 17 d 17. *unamaelti* 19 b 32. *ohaeldi* 21 d 16. aber e in: *scel* 7 d 3. *ellaen* 23 f 1. *uuellyrgae* 25 b 23. *eduuella* 27 b 20. *elm* 28 d 17.

---

1) für *hnecca*.
2) für *lenctinadl*.

5. endlich ist noch zu erwähnen, dass *ae* statt *e* häufig, wenn auch nicht in der mehrzahl der fälle vor *tt* eintritt, nämlich in: *brocda[e]ttendi* 18 b 7. *maettoc* 27 b 3. *agnaettae* 28 d 35. *borettit* 28 d 30 (vergl. die unter α angeführten beispiele).

Ueber den umlaut des gebrochenen *a* vor *r* + konsonant, und den sog. palatalumlaut desselben cf. § 20.

C. α) *goduueb* 21, 10. *web(b)* 50, 27. 50, 28. *neb* 44, 5. *hnecca* 35, 26. *speccan* 34, 25. *gibrec* 54, 14. *bed* 16, 16. *hebelgerd* 30, 17. *hebeld* 30, 30. 31. *egde*[1] 19, 35. *egdere* 19, 36. *seeg* 45, 5 (für *secg*). *ecg* E. S. 3, 13. *hergiung* 21, 4. *herenis* E. S. 21, 6. *cetil* 11, 35. 19, 22. *hwetestan*[2]) 15, 6. *settan* 36, 39.

β) Im gegensatz zu Ep. ist *e* vor nasalen meist erhalten: *meremenin* 47, 7. *end* 17, 9. *endistaeb* 20, 12. *ablended* 49, 5. *geuuendit* 51, 38. *menget* 15, 15. *gemenged* 26, 21. *suenceth* 17, 4. *genge* 29, 12. *seng*[3]) 53, 2.. *ogengel* 35, 20. *fremid* 41, 29. *fremmendum* 41, 20. *embrin*[4]) 9, 18. *ae (æ)* begegnet nur in: *laendino* 43, 38. *wodhae*[5]) 15, 33. *gemængan* 14, 42. *maenoe*[6]) 16, 6. —

2. *staefnendra* 5, 7. *gestaefnendre* 43, 20. *ahaefd* 49, 11. *araefnde* 20, 3. *araefndun* 20, 37.

3. *faestin* 6, 43. *-num*[7]) 7, 18. *faesten* 50, 29. *aesc* 12, 25. 23, 12. 41, 22. *maestun* 45, 1. *gefaested* 32, 12. aber *gerested* 21, 37. *cordreste* 10, 30.

4. vor l + kons. steht fast durchgängig *ae*, eine erscheinung, welche sich leicht erklärt, wenn man vor gedecktem *l* dehnung des *a* annimmt. — *baelg* 23, 2. 2, 10. *aeldrum* 27, 30. *aeldra* 46, 36. *aeldrafaeder* 7, 34. *aelding* 17, 41.

---

[1] *erpica* = *herpica*.
[2] *cox* für *cos*.
[3] für *steng*.
[4] Cf. Sievers, E. S. VIII 153: *embrin* ist ableitung von ae. *ambor, ombor* = ahd. *ambar*, woraus später durch volksetymologie *eimbar*·
[5] für *wuduhaen, coturnix*.
[6] cf. W.-W. 107, 30. 476, 22.
[7] *arbitus* für *arcibus*.

§ 4. das lange *a*.

aelbitu 35, 36. 2, 11. *unamælte* 39, 25. *ohældi* 39, 15. *faelge* 11, 19. *faelging* 34, 22. 35, 24. *ascaeltte* 18, 15. *saeltna*[1]) 44, 17. *eduuaelle* 5, 19. 51, 15. *ælden* 52, 8. *caelf* 54, 6. 7. 28, 29. *oxstaelde*[2]) 26, 3. *e* steht nur in: *ellaern* 44, 35. *wellyrgae* 47, 19. *elm* 54, 11. *scellum* E. S. 15, 10.. *scel* 18, 36. 13, 40.
einmal begegnet *y* als umlaut: *widstylde* 17, 26.
5. vor *tt* setzt C. *e agnette* 54, 33. *brogdetted* 53, 37. dagegen steht *ae* gern 6. vor *cg, cc: waecġ* 16, 32. *asaecyan* 18, 40. *saecg* 24, 28. *wraeccan* 20, 40.
Ausser in diesen fällen steht *ae* als umlaut von *a* noch in *waebtaeg* 30, 29. *caerin*[3]) 18, 28.

Erf. hat gleichfalls öfter *ae* vor nasalen: *laendum* c 134. *anhaendi* m 44. *faengae* p 22. *stęng* c 104. aber *lendino* r 15. *meni* l 29. *geuemmid* i 95 etc. vor gedecktem *s aesc* c 62 neben *esc* p 180. *espę* t 86. *restendum* f 87.
vor *l +* kons. *blaestbaelg* f 137. *aeldrum* i 102. neben *cinumelti* (für *unamelti*) p. 171. *oheldi* p 422. *ebitu* (für *elbitu*) o 97.

§ 4.
Das lange *a*.

1. *â* = german. *ê*, got. *ê*.
   α) vor *w: clauuo* 1 f 9. *crauuae* 8 f 26. *pauua* 20 d 1. *lauuercae* 27 b 14.
   β) got. *ê* entspricht auch das *â* in: *naamun*[4]) 3 b 17.

C. α) *clauuo* 7, 6. *crauue* 14, 32. *crawe* 14, 33. *pauua* 37, 33. *lauricae* E. S. 51, 4. *hornblauuere* 12, 40. *clawe* 46, 23. *gedraune* 43, 29. β) *braadponne* 11, 37.

Erf. *crauuae* c 231. *pauua* p 292. *lauucrae* t 93.

2. *â* = german. got. *ai*.
   α) vor nasalen ist *â* stäts rein erhalten: *tebelstan* 6 f 39.

---
1) cf. W.-W. 286, 11.
2) für *onstaelde*.
3) aus lat. *carenum*, gr. κάροινον.
4) Erf. *noumun* a 247. C. *nomun* 7, 40. Die form *nâmon* kommt auch in den ältesten ws. denkmälern vor, cf. Cosijn § 58, 3.

anmod 7 d 34. *maanful*¹) 12 b 14. *anuuald* 14 d 25. *anhendi*²) 14 f 14. *anuuillicae* 18 b 28. *ganaendae* 16 f 4. *flanum* 24 b. 35. *suan*³) 25 b 15. *baanrift* 27 b 34. *laam* $\overset{.}{2}$ b 29. *haam*⁴) 7 b 8. *faam* 9 d 12: β) *â* im auslaut *ba* 2 b 33. *a* 12 d 7 (got. *aiw*). *þa* 12 d 24. *tha* 13 d 8. γ) im inlaut · *uu(a)egbradae* 19 f 27. 2 d 9. *bradaeleac* 23 f 3. *clatae*⁵) 6 d 1. *swacendlic* 17 f 37. *masae* 20 b 13 (ahd. *meisa*). *faag* 2 d 5. *baar* 6 d 8. *aac*⁶) 8 f 20. *flach*⁷) 12 b 12. *lath* 12 b 16. 12 f 5. *gimach* 12 b 31. *unlidouuac* 12 b 33. *hueolrad* 17 b 11. *paad* 19 d 13 (hd. *pfeit*). *hring* — *dropfaag* 19·f 35. 24 b 15. *streamrad* 2 f 13. *brandrad* 1 b 21. *garlęc* 1 d 28. *slachthorn* 16 b 14. *giscaduuyrt* 27 b 35. *algiuueorc* 12 f 12. *hragra* 2 b 23. *facni* 2 f 7. *lectinadl* 26 f 34.

C. α) wie Ep. — *sta(a)n* 10, 18. 15, 6. *haalstaan* 16, 10. *an-* 14, 16. 33, 1. 31, 23. 38, 27. 30, 37. 47, 6. *manful* 26, 35. *flanum* 47, 40. *snan* 49, 17. *baan-* 51, 5. 35, 23. *elpendbaan* 18, 32. *scaan* 7, 15. *flaan* 10, 23. *laam* 6, 38. 30, 25. *aam* 10, 22. *faam* 21, 15. *hamscire* 18, 39: β) *ba* 5, 2. *đa* 27, 26. 30, 13. für *a forth* hat C. entstellt: *aforht* 27, 13. γ) die Ep. entsprechenden gl. übergehe ich. *geuuatu*⁸) 15, 26. *wase*⁹) 11, 15. *raha* 11, 33. *cildcladas* 16, 29. *đare* 21, 3. *onsuapen* 28, 24. *frecmase* 29, 33. *blaco*¹⁰) 42, 25. *aturlađe* E. S. 9, 4. *naap*¹¹) 1, 8. *specfaag* 2, 6. *aar*¹²) 8, 6.

---

1) Erf. hat die für die heimat des schreibers charakteristische form *meinfol* i 51.

2) die bedeutung des wortes war eine weitere als die von *unimanus*, das es W.-W. 162, 4 übersetzt.

3) ahd. *swein*, subulcus. C. hat irrtümlich *snan*, Erf. *suam*.

4) cf. W.-W. 202, 5.

5) cf. Skeat, Acad., May 10, 1884. Ælfr. gr. gl. Zup. 311, 7.

6) Ep. C. 14, 30. Erf. c 226. *color* für *robor* = *robur* cf. 22 d 2. der fehler muss bis auf die gemeinsame quelle zurückgehen.

7) of. Grein, sprachsch. I, 301.

8) praet. zu *witan*. das *u* ist zu streichen.

9) cf. Ettm. pag. 141.

10) *pulla* für *pallor*, cf. W.-W. 465, 32.

11) Zupitza, Acad. May 3, 1884: »The MS. has *horn naap* in two words. I think *horn* is = *orn* »ran« and *naap* = *náp* (from *nipan*) »sank down«, and *decurat* a mistake for *decurrit*«.

12) cf. E. S. VIII pag. 150 anm. 4.

*metrap*¹) 9, 30. *laac* 19, 10. *baat* 30, 23. *gaad* 49, 1. *gemaad* 53, 10. *braadlastæcus*²) 18, 21. *adexe.* 29, 24. *baangeberg* 35, 23. *tacne* 18, 12. *facnum* 22, 20. *last* 36, 24. *wrast* 16, 39. *wrastum*³) 17, 9. *misthagch*⁴) 17, 31. — **Erf.** *a*) *tebiltan* c 25. *anuald* m 16. *anhaendi* m 44. *anuuillicae* p 54. *ganendae* o 4. *flanum* s 144 etc. *β*) *ba* a 149. *da* i 97. *tha* l 39. *γ*) *uegbradae* a 163. *bradelec* s 73. *masae* p 265. *aac* c 226. *flach* i 49 u. ö.

3. *aa* für ws. kurzes *a* oder dessen brechung hat Ep. in: *fraam* 2 d 32. *haam* 8 f 31. *uaar* 2 b 28 (cf. § 19, 1). C. in: *ha[a]m* 10, 41. *paat* 12, 16 (ws. *pæđ*). *haalstaan* 16, 10 (§ 1, 1). *waar* 5, 1. 12, 13. —

§ 5.

Das lange *æ*.

In *Ep.* ist die schreibung des dem ws. *ǽ* entsprechenden lautes *ae*, nur einmal zeigt sich dafür *ę*, einmal *aee* (*blaeed*)⁵).

α. *ae* = got. *ê*. *naedlae* 19 f 30. *suae* 21 f 15. 16 (got. *swê*). *felospraeci* 27 b 10.

β. *ae* = umlaut von *á*. *haetendae* 7 f 1. *racdinnae* 7 f 13. 27 b 39. *taenil* 9 b 16. *aegergelu* 9 d 16. *aetgaeru* 9 f 3. *uura[e]stendi* 11 f 14. *baedendrae* 12 d 21. *taecnacndi* 12 d 27. *firgingaett* 12 f 33. *aetrinan* 13 d 8. *-faecni* 16 b 26. 24 b 37. *scinlaecęan*⁶) 16 b 28. *daeli* 18 b 1. *staegilrae* 18 b 22. *naetendnae* 18 b 27 (got. *naitjan*). *haeth* 27 b 8. ebenso auch bei kontraktionen: *blaeed* 9 f 14 (zu *bláwan*): *saegesetu* 17 f 36.

γ) endlich findet sich *æ* an stelle eines ws. *éa*, german. *au* vor palatalen *aęc* 21 f 18. *herebaecon* 24 b 8. *laec* 2 d 6. 8. *lęc* 1 d 27; häufiger indessen bleibt in diesem falle *ea* erhalten, vergl. § 21.

---

1) = *met-ráp* messseil.
2) entstellt, wol einfach für *braadæcs* (= *æx*), vgl. W.-W. 224, 35. 390, 13. 141, 26.
3) cf. W.-W. 387, 5. 491. 17.
4) zu *péon*, cf. W.-W. 385, 8.
5) Auch andere denkmäler verwenden *æe* als bezeichnung des langen *æ*, so der Psalter, Vespas. A I *aee*, *æe*, *ęe*, cf. Zeuner § 14, 2.
6) In Orosius *scinlaca* 3, 19. 140, 9 und *scinlaece* 3, 19 (Cosijn).

18   Vokalismus.

C. Auch C. hat neben der gewöhnlichen schreibung *ae* oft *ę* und *ę̄*. da Wülker regelmässig *ę* durch *ę̄* wiedergiebt (Engl. Stud. VIII 151), so lässt sich über das verhältnismässige auftreten der einzelnen schreibungen nichts feststellen.

α) *suae* 42, 29. 30. *spraec* 44, 29. *spræc* 46, 33. *aethm* 5, 11. β) ausser den Ep. entsprechenden wörtern sind belegt: *ymbsuaepe* 5, 28. *aetgacre* 6, 3. (cf. 21, 22). *wraeue* 4, 4. *claemende*¹) 35, 30. *folclaemid* 35; 16 (für *for*-). *forclæmde* 36, 4. *haesualwe* 7, 28 (?). *haelsadon* 8, 3. *haelsere* 8, 5. *haet* 11, 12. *daele* 14, 44. *todaeldum* 17, 39. *oberstaelid* 15, 39. *auuægde* 19, 7. *araeddun* 20, 11. *snaedilþearm* 20, 21. *haelsent* 20, 33. *lyblaecan* 11, 38. *faecenlice* 23, 19. *hnaeggiung*²) 25, 33. *hæmedo* 26, 1. *raesde* 28, 1. *gemædid* 28, 15. *naenge* 34, 35. *smaetegold* 34, 40. *hael* 36, 2. *gehnægith* 48, 34.. *aera, aerenscreop* 48, 40. *astaenid* 48, 36. *gemaeded* 52, 26. *faecnum* 53, 17. *flaesc* 53, 40; kontr. *blæd* 22, 29. *saegeseotu* 40, 38. *duaelum* 50, 14 (ahd. *dwahilla*). γ) *aecdon* 42, 33. *-lacc* 5, 35. 7, 23. 12, 35. 46, 16. *gæces* 3, 22. *gaec* 16, 24. *-baeg* 10, 3. 33, 18. *lacg* 29, 16. *waebtaeg* 30, 29. *haehsedlum* 42, 1. *haehnisse* 49, 24. *herebæcun* 49, 36. daneben vereinzelt *ea*, vergl. § 22 II.

Erf. α. *biraednae* p 256. β. *uraesgendi* i 13. *taccnendi* i 100. *firgingaett* i 144. *daeli* p 27. *naetendnae* p 53. *haedth* t 87. *faecni* s 146. *saegaesętu* p 23. γ. *laec* a 162. *aec* q 11.

§ 6.

ệ = westsächs. *ǣ*.

1. German. *ê* ist in Ep., Erf., C. durch *e* vertreten. die wenigen, im vorigen § angeführten belege, in denen *ae* germanischem *ê* entspricht, dürfen als blosse ausnahmen dieser regel angesehen werden.

Ep. *setungae* 2 d 33. *ethm* 2 f 14. *megsibbi* 3 b 9. *meeg* 6 f 17. *strelbora* 3 b 18. *beer* 6 b 10. *resung*³) 7 d 13. *blestbaelg* 10 b 21. *geberu* 11 b 36. *gredig* 11 f 15. *redboran*

---
1) Wülkers anm. zu der bet. glosse ist unrichtig, cf. Sievers, E. S. VIII 156.
2) cf. Ælfr. gr. gl. Zup. 4, 15.
3) vergl. Ettm. 259 und W.-W. 209, 5. 382, 21. 205, 43.

12 f 4. *birednac* 20 b 3. *threatmelum* 14 d 17. *styccimelum* 18 b 26. *ormetum* 15 b 10. *bredisern* 23 b 20. *bredipannae* 23., so auch in *gerlice* 2 f 19. *geri* 11 d 18.. umlaut ist *e* in: *mere* 18 b 10. *leceas* 18 b 21 (got. *lékeis*). *leciuuyrt* 21 f 25, auf kontraktion beruhen: *thres* 13 d 21. 17 b 5 (zu *þráwan*). *thuelan* 28 b 22. *colþred* 18 d 14. *bledrae* 28 d 12. (zu *bláwan*). *strel* 1 b 39. *steeli* 2 b 30.

C. *setunge* 7, 37. *megsibbe* 4, 27. *strelbora* 7, 19. *beer* 8, 16. *resung* 13, 45. -*e* 43, 35. *resigan* 36, 6. *geberu* 25, 14. -*o* 24, 9. *gredig* 26, 11. *gredge*¹) 5, 27. *redboran* 28, 42. *birednæ* 41, 34. *þreatmelum* 31, 22. *styccimelum* 36, 33. 38, 12. *bredisern* 45, 12. *brediponne* 44, 22. *gebero* 20, 2. *feringa* 26, 17. *lendebrede* 31, 18. *gebreded* 53, 40. *megcualm* 38, 5. *strel* 48, 12. *lelan* ²) 53, 41. *ebnwege* ³) 4, 21. *fer* ⁴) 12, 4. *netl* 3, 30. in dem praefix ws. *ǽ:* *esuind* ⁵) 27, 15. *emod* 5, 30. *egylt* 20, 36. *ecambe* 48, 30. — kontrakt. in: *ǽres* 30, 26. 36, 13. *ǽresi* 31, 20. *thuelan* 53, 25. *bledre* 53, 6. *ǽred* 30, 31. 22, 13. 38, 32. *steli* 3, 19. umlaut ist *é* in: *leceas* 39, 21. *healecas* 7, 13. *leciwyrt* 42, 36. *mere weard* 38, 20.

Erf. zeigt eine noch grössere vorliebe für *e* als Ep. und C. *setungae* a 188. *megsibbi* 239. *strelbora* 248. *beer* b 24. *resung* c 75. *geberu* h 9. *gredig* i 14. *redboran* i 113. *theat melum* m 8. *scyccimelum* p 52. kontr. *bled* f 90. umlaut *leceas* p 47. *leciuyrt* q 18. *mere* p 37.

2. *C.* und *Erf.* haben auch zuweilen für den umlaut des *ǽ* = german. *ai* den vokal *e*. *C.* hat nur die belege *togelestunne* 15, 24. *uuegid* 21, 43. *stictenel* 22, 9 (cf. 22, 5).

Erf. ist sehr reich an solchen beispielen *tenil* f 16. *bedaendrae* i 94. *etrinani* l 39. *unfecni* n 27. *scin lecan* n 29. *stegelrae* p 48 etc.

3. Ueber *é* aus *éa* bei folgendem palatal, vergl. § 22.

---

1) *ambro* passt dazu, cf. Ducange, Gloss. (1882, 83) I pag. 219: glos. Isid. *ambro*, devorator, consumptor etc.
2) das wort wird auch stark flektiert, cf. W.-W. 514, 26. 532, 12, auch spalte 792 anm. 7.
3) *aequipensum; pensum* in der mlat. bedeutung »gewicht«.
4) *casus* = *cassus*, vgl. W.-W. 200, 42.
5) ws. *æswind*, cf. Sievers, E. S. VIII 155.

Vokalismus.

§ 7.

Das kurze e = german. e, got. i (ai).

ë zeigt sich zunächst in allen fällen, wo auch das ws. c setzt. *uueg* 2 d 9. f 16. 28 b 6. *snel* 2 f 1. *thegn* 2 f 29. 15 b 35. *west* 5 d 25. 9 f 38. *feld* 6 b 3. *bred* 27 b 26 etc. Dieses *ë* erhält sich in *Ep.* auch:

1. vor r + konsonant

α) meist, wenn der auf das *r* folgende kons. ein palatal ist: *uuerci* 16 f 40. *duerg* 16 d 6. *duuergaedostae* 20 d 11. *berc* 6 b 4. *thuerhfyri*[1]) 23 b 12. β) neben der häufiger (cf. § 23, 1) vorkommenden brechung, wenn derselbe nicht ein palatal ist: *herth* 1 b 22. *ferth* 18 b 23. *ferred* 18 b 12. *sifunsterri* 18 d 12. *sperwi* (für *smerwi*) 19 b 32. *smeruui* 24 d 5.

2. vor *lh*: *elch* 8 f 11. 26 f 37, aber: *sceolhegi* 26 b 15.
3. vor h + kons.: *gifect* 18 b 11.
4. mit einer ausnahme (*gcolu* 28 b 26), wenn der vokal der folgenden silbe ein dunkeler ist, sei dieselbe nun:

α) flexionssilbe: *teru* 16 b 23. 22 b 29. *speruuuyrt* 28 d 14. *stela* 7 f 22. *gelu* 8 f 28. 9 d 16. 32. 10 d 17. *staebplegan* 13 d 9. *felospraeci* 27 b 10. β) oder ableitungssilbe: (*iseorn*)*fetor* 5 f 24. 19 d 11. *elonae* 16 f 28. *belonae* 25 b 29. *felofor* 20 b 14. *felofearth* 27 b 30. *ebor-* 24 b 18. 28 b 9. *cesol* 28 b 14. 10 d 14. *drifedor* 27 d 5. hierher gehört auch *suehoras*[2]) 28 b 24 und *helostr*[3]) 23 f 20. *helustras* 22 d 10.

5. für *ë* mit vorhergehendem palatalen bietet Ep. keinen beleg. lat. *i* entspricht *e* in *cest* 8 f 5, wenn dies aus lat. *cista* herzuleiten ist. auffällig ist *i* in *gibaen* 12 b 37 (§ 64, 4).

bemerk. für *ë* begegnet zweimal *ae*: *uuaegbradae* 19 f 27. *uuaega* 21 f 14, einmal *oe huuanan huuoega* (undecunque) 28 d 34.

---

1) cf. Sievers, E. S. VIII 157.
2) hd. *swëhur*, ws. *swëor*.
3) ws. *heolstor*, got. *hulistr*. derselbe lautliche vorgang wie bei diesem wort, hat auch bei dem Ep. 21 b 35 als *gillistrae* (instr. dat.), C. 49, 35 als *gelostr* erscheinenden worte stattgefunden, cf. B.-T. *geolhstor*, *geolstor*; *geolstrig*.

§ 7. *e* = german. *e*.

C. Beispiele für *ë* sind: *metrap* 9, 30. *ascrepan* 19, 3. *ascrepen* 4. *brecan* 41, 21. *suedrað* 21, 25. *gesuedradun* 20, 13. *freceo*[1]) 30, 38.

Für späteres ws. *i*, aus *ë* durch einfluss eines *j*, *i* der folgenden silbe entstanden, erscheint *ë* in: *helt* 10, 29. 11, 44. *geocstecca* 35, 21. auch im ws. findet man e neben *i* in *feðrhoman* 50, 7.

1) *α*. hier wie in Ep. ist die erhaltung des *e* das gewöhnliche: *duerg* 33, 42. *duergedostle* 42, 23. *duerc* 50, 17. *werci* 36, 8. *aalgewerc* 26, 5. *-geberg* 43, 14. 35, 23. *ferht*[2]) 41, 10. *midferh*[3]) 29, 3. *þuerhfyri* 44, 21; *ae* in *baercae* 29, 32. daneben ganz vereinzelt auch die brechung, cf. § 23, 1.
β. nur ganz selten neben der gewöhnlichen brechung: *sibunsterri* 40, 5. *erdling* 9, 12. *huerb*[4]) 53, 13. *huerbende* 19, 38.. 2) *elh* 12, 30. *elch* 51, 36. *scelege* 49, 3 (vergl. Ep.). 3) *þorh gefeht* 38, 21. *ceapcneht* 19, 15. 4) im gegensatz zu Ep. ist die brechung des *ë* bei folgendem dunkelen vokal durchaus das gewöhnliche. ausnahmen sind nur: *feluspreci* 51, 30. *elotr*[5]) 19, 8. *treutcru* 8, 31. *isern sceruru* 22, 40. *eburðring* 36, 22. 5) bei voraufgehendem palatal: *ofgefen* 18, 17. *geben* 27, 9. *genung* 8, 20. *geddi* 19, 6. *gelpende* 49, 4. *gesca* 47, 8. 50, 19. *gescaslaet* 46, 38. wie in Ep. zeigt *e*: *cest* 10, 36. *ceste* 15, 41.

Waefs 16, 9 und *plaega* 36, 38 zeigen *ae* statt *ë*; oder ist letzteres mit Skeat aus lat. *plaga* entstanden zu denken? vergl. *staefplagan* 31, 1 etc.

Erf. 1. *α*) *berc* b 18. *uerci* o 39. *duerg* n 48. *duergae dostae* p 302. *thuerh fyri* s 3. *algiuerc* i 122. *β*) *herd* a 22. *funsterri* p 77. *spreui* (für *sperui*, wie Ep. hat) p 171. *sme-*

---

1) der schreiber scheint in seiner vorlage *freto* gehabt zu haben, dafür spricht sowol die bedeutung des wortes, als auch die häufige glossierung von *lurcor* mit *freto*, cf. W.-W. 436, 6. 5. 502, 27. 532, 20. *lucor, freced* W.-W. 433, 11 scheint wieder aus Corp. hervorgegangen zu sein, wie denn Nr. XI bei W.-W. in den bet. teilen ausserordentlich nahe mit C. verwant ist.

2) as. *feraht*; sonst, so viel ich sehe, nur in compos. belegt. W.'s anm. ist unrichtig, cf. E. S. VIII 156.

3) cf. E. S. VIII 155.

4) *uertil* = *vertillum*, *vertellum*, cf. W.-W. 294, 6. 262, 14.

5) aus lat. *electrum*, gr. ἤλεκτρον.

rum s 154 (für *smerui*). *gernis* c 101. 2. *elch* c 262. t 77, aber *sceolegi* s 362. 3. *dorhgifecilae* p 38 entstellt aus *dorhgifect*. 4. *gelu* g 9. f 69. *gelo* c 233. *fclusperici* t 89. *felufreth* t 110. *felusor* p 266. *elonae* o 27. *belonae* s 256. *eborspreot* v 6. *fetor* p 190. 5. *geben* i 73.

§ 8.
Das lange *e*.

1. Ueber *ê* = ws. *ǽ* vergl. § 6. .
2. Ueber den umlaut von *ó* vergl. § 14.
3. *ê* = *i*-umlaut von *éa*, *éo* § 22, I. § 26, I.
4. *ê* = palatalumlaut des *éa*, *éo* cf. § 22, II. §. 26 II.

bemerk. Auffällig wäre in C. die form *scultheta* 20, 26 für ws. *scyldháta* (ahd. *sculdheizo*). doch scheint hier vielmehr ein schreibfehler vorzuliegen. *h* wird in *l* zu ändern sein, vergl. *scyldlæta* W.-W. 230, 20.

§ 9.
Das kurze *i*.

Der gebrauch des *i* weicht im wesentlichen nicht vom gemeinaltenglischen ab. *i* steht:

1. = german. *i*: so in st. v. 2 kl. (Müllenhoff) *scribun* 17 f 32. *smitor*[1]) 9 d 38. *faerscribaen* 2 b 34. *bibitnae* 14 d 15. *afigaen* 9 b 37.

2. = german. *ë*: α) vor nasalen: *wind* 5 d 25. 6 d 34. 9 f 38. *uuidubindlae* 12 f 15. *uuiduuuindae* 28 d 20. 28 b 21 (verschrieben *uuuwindae*). *strimaendi* (?)[2]) 16 f 24 etc. β) durch einfluss eines *i* oder *j* der folgenden silbe, so im praes. st. v. 1 kl. *milcip*[3]) 14 f 16. *scripithaen*[4]) 23 f 28.

anm. hierher gehört auch *suilcae* 2 f 23 (*swalic*, *swelic*, *swilc*). *i* für german. *ë* findet sich auch in *gibaen* 12 b 37, wo man in Ep. nicht berechtigt ist, das *i* dem einfluss des vorhergehenden palatalen zuzuschreiben. nicht minder merkwürdig ist die form *stridae* 23 f 18, die für *stregdae* steht. Erf. s 88 hat *streidae*, C. 48, 15 *streide* an der ent-

---
1) für *smiton*, vgl. C. 23, 35. Erf. f 76 *funestavere smiton*.
2) cf. Sievers, Beitr. VIII pag. 282 (§ 390).
3) ibid. 281 (§ 387).
4) für *scripith*.

sprechenden stelle, vielleicht ist auch *stridae* für *streidae* verschrieben.

3. in ungenauer schreibung für *y*: *cistigian* 14 d 22 (neben *uncystig* 9 b 36).

4. dunkeler vokal der folgenden silbe hat in Ep. keinen einfluss auf *i*: *uuilocread* 6 f 34. *uuilucscel* 7 d 3. *sifunsterri* 18 d 12. *ilugsegg* 19 d 16. *biginan* 27 d 7. *unlidouuac* 12 b 33. *uuidu-* 12 f 15. 28 d 20 (b 21). *huuitquidu* 15 b 31. *hnitu* 13 f 5. *nihol* 20 b 2; doch ist die brechung wol nur zufällig nicht belegt, da bei vorhergehendem *w* in *uuluc* 12 f 13 und *uudubil* 9 d 29 übergang in *u* stattgefunden hat.

anm. fremdwörter sind: *sigil* 6 b 6. 23 b 18. *disc* 19 d 31. *biscopuuyrt* 11 d 22. *finugl* 9 f 37 (aus **finuculum* statt *foeniculum*). *cisirbeam* 8 f 22 (*cerasus*).

C. 1. *forscrifen* 3, 34. *scriben* 17, 22. *scribun* 40, 35. *smiton* 23, 35. *bibitne* 32, 40. *gesniden* 18, 19. *untosliten* 26, 13. *agnidine*[1]) 17, 19.

2. α) *forgrindet* 15, 13. *anfindo* 17, 25. *stincendi* 22, 32. *forclingendu* 44, 1. *dorhsuimmad* 52, 1. *windfona* 45, 11. *uuind* 46, 22. *suinglunge* 53, 15. *gimro*[2]) 18, 27. *strimendi* 28, 13. 35, 1 (?). *himming*[3]) 38, 41. β) *milcit* 33, 2. *scripid* 45, 25. *stilith* 15, 40. *lisit* 29, 41. *gagulsuille* 23, 41 (statt *suilled*). *scirde* 3, 25. *wibil* 11, 28. *cirnel* 24, 33. *cirnlas*[4]) 34, 34.

anm. neben der form *suilce* 7, 32 hat C. auch *suelce* 3, 40.

3. in *walcrigge* 25, 27 erklärt sich der letzte teil des wortes durch anlehnung an das suffix *-icge*[5]).

---

1) zu *d-gnidan* deterēre; *detritu rigne* sind zwei wörter, cf. W.-W. 220, 24. 386, 16.

2) wenn man den ersten teil des compos. = lat. *gemma* setzen darf. das wort steht für *gimrod-ur*, *or* und so scheint es fast, als ob die abkürzung, die Wülker mit *dicitur* auflöst, vielmehr die endung *-dur*, *dor* sein soll. cf. W.-W. 385, 40. 491, 16. B.-T. 477b.

3) später nur *hemming*, cf. Ettm. 453. W.-W. 468, 31.

4) diesen alten formen entgegen darf man nicht mit Kluge, etym. wb. p. 159 *cirnel*, später *cyrnel* zu got. *kaúrn* ziehen, sondern muss es als zu einem got. **kaírna* gehörig betrachten.

5) Vergl. Anglia VI 178. dieses suffix erscheint in C. in *galdrig-*

4. dunkeler vokal veranlasst brechung des *i* (cf. § 23). die wenigen ausnahmen dieser regel sind: *pisanhosa* 47, 10. *tigule* 50, 15. *wituma*¹) 18, 22.

anm. in übereinstimmung mit dem ws. steht *i* für *e* in *frigno* 14, 9, vergl. Cosijn § 21. wenn sich in *uueder* 28, 39 ein *e* für *i* zeigt, so ist dies einfach ein versehen des schreibers, der meinte, lat. ist(u)c sei dem sinne nach = *vervex*. in der vorlage stand gewiss [*h*]*wider* istic, vergl. die folgende glosse. Aus Erf. führe ich an 1. *faerscrifen* a 150. *scribun* p 19. *afigen* f 40. *smiton* f 76. *bibitnae* m 6. 2. α) *uind* b 87. *strimendi* o 23 etc. β) *milcid* m 46. *scripithaen* s. 98. 3. *uuydublindae* i 125. *cysirbean* c 228. 4. *uuidu-* f 104. v 17. 56. *hnitu* l 74. *finugl* f 113. *i lug seg* p 195 etc.

§ 10.
Das lange *i*.

E p. 1. *i* = german. *î*, got. *ei*. im st. v. 2 kl. *bisuicend* 12 d 28. *aduinendanan* 27 d 20, ferner in *listan* 13 d 21. *uuicing* 18 b 8. *dislum* 27 d 13. *tuum* 6 b 14 (für *tuuin*), häufig in den adj. adv. auf *-lîc*, *lîce* 2 f 19. 3 b 15. 7 d 9. 7 d 37. 9 f 2 etc. zuweilen ist die länge durch doppelschreibung des *i* gekennzeichnet: *ciisnis*²) 9 b 24. *liim* 10 f 32. *liin* 14 f 31. *tiig* 15 d 9. *briig* 19 b 13. *sciir* 24 d 1.

2. *i* durch ersatzdehnung nach ausfall eines kons. entstanden: α) ausfall eines nasals vor *đ* (für *f* und *s* fehlen die belege). *suithae* 21 f 15. 16. *lithircadae* 17 f 30. β) ausfall eines *g* ist in Ep. nicht belegt, vergl. C.

3. *i* in ungenauer schreibung für *ŷ*: *smigilas* 7 d 29 (zum st. v. *smûgan*).

C. 1. st. v. 2 kl.: *gewitendi* 17, 12. *tocinit*³) 17, 18.

---

gan 28, 5. *ceurricgye* 46, 30. *barriggae* 8, 32, letzteres neben *barice* 9, 40. so wird auch *lauricae* b, 24. 29, 14. E. S. 51, 4 *-i* 11, 27, vielleicht auch *hymlice* 13, 4 eine dementsprechende analogiebildung sein.

1) ahd. *widamo*. das folgende *uuetma* ist wol aus *wed(d)* [vergl. 225, 7. 115, 42 etc.] entstellt, die endung *-ma* durch den einfluss des vorhergehenden wortes.

2) C. hat entstellt *cymnis* 21, 12; vergl. W.-W. 234, 15. Ettm. 389.

3) Sonstige belege dieses verbums giebt Kluge, Anglia, anz. V p 85, Sievers, Beitr. IX p. 277 (§ 382).

flitat 17, 44. *midid* 17, 45. *bidan* 32, 13. *hlibendri* (?)¹) 32, 38. *siid*²) 20, 27. sonst: *liim* 9, 5. 12, 36. *piic* 3, 13. *wiingeardes* 5, 32. *fiil* 30, 32. *uuif* 6, 9. *orwige*³) 28, 26. *gislas* 34, 39. *gislhada* 35, 15. *hrider* 1, 12 (ahd. *ritara*) u. ö.
2. *a) suide* 18, 9. *suidigad* 22, 22. *suidfromlice* 34, 4. *obersuido* 53, 42. *gesidas* 35, 4. *hridhiorde* 9, 23. *β) iil* 19, 39. 25, 32. *siras* 30, 39 (vergl. Ep. 13 b 35). —
3. C. hat das richtige *smyglas* 16, 14.
anm. aus lat. *cipa* (statt *cepa*) ist entstanden: *cipe* 12, 35. 45, 10; vergl. Sievers, Beitr. IX pag. 210 (§ 75, 1). **Erf.** 1. *bisuiccend* i 101. 2. *suidae* q 8. 9. t 121. *lithircadae* p 17 etc.

§ . 11.
Das kurze *o*.

1. German. *o* erhält sich gewöhnlich. doch findet, wie im gemeinae., schon vor einfachem nasal übergang in *u* statt. belege für *o* = germ. *o* sind: *thorn* 1 d 37. 16 b 14. 22 d 40. 25 b 10, 11. *hold* 9 b 38. *spora* 8 d 34. *loca*⁴) 9 f 28. *fordh* 12 d 7. *morgen* 17 f 36. *corn* 19 f 15. *bodęi* 24 d 10. *loc* 27 b 31. *suollaen* 27 b 19. *borg* 28 d 28 etc.
Besondere beachtung verdienen die wörter, in denen ae. *o* einem hochd. *u* entspricht: *þorh, þorch* 18 b 16. 33. d 8. *þorgifect*⁵) 18 b 11. so auch in dem praefix *or-*, got. *us-*, ahd. *ur-*: *ormetum* 15 b 10. *orfiermae* 24 b 30. *orsorg* 27 b 38.
2. *O* durch den einfluss eines folgenden nasals findet sich nur einmal in Ep. *onettae* 17 b 15 (cf. 1, 2). was die aussprache angeht, so wird man freilich von der mit so strenger konsequenz durchgeführten schreibung *a* nicht auf eine dementsprechende aussprache schliessen dürfen. auch für Ep. wird man vielmehr annehmen müssen, dass germ. *a* in

---

1) Vergl. W.-W. 443, 22; und Sievers a. a. o.
2) = *siid* aus *séon* (für *sîhan*), vgl. Sievers, ib. pag. 278 (§ 383, anm. 4).
3) adj. mit der bedeutung »unkriegerisch«, cf. W.-W. 422, 33.
4) aus versehen fehlt das sternchen in Sweets ausgabe, vergl. Acad. april 26, 1884.
5) das wort übersetzt wörtlich *per-duellium*. C. 38, 21 setzt zwei wörter *þorh gefeht*. Erf. p. 38 entstellt durch vertauschung des letzten teils des compositums mit einer andern glosse: *dorhgifecilae* p 38.

diesem falle zu offenem, dem *a* vielleicht sehr nahe stehendem *o* wurde. dies beweist allein der übergang des ursprünglichen *a* in *ô* nach ausfall des folgenden nasals, vergl. § 13.

anm. Vor einfachem, auslautendem kons. scheint *o* gedehnt zu sein in *hool* 28 b 39. *foor* 20 b 17. Das aus lat. *papaver* entstandene wort, bei dem im ws. schwanken zwischen *a* und *o* stattfindet, schreibt Ep. *popaeg* 20 b 37.

C. 1. st. v. 1ᵇ. *gcborone* 20, 8. 1ᶜ. *toworpne* 16, 45. *đorhbrogden* 51, 27. st. v. 3. *ađroten* 38, 16. *getogenum* 48, 23. *getogone* 48, 32, ferner in: *geoc-boga* 1, 13. *boga* 40, 12. *molde* 44, 20. *bodan*¹) 1, 10. *hocc*²) 32, 5. *hol* 48, 5. *holum* 12, 1; *cetan* 25, 9 steht wol für *cotan* (*gurgustia*). hd. *u* entspricht *o* in: *đorh* 38, 22. 30. 31. 33. *þorh gefeht* 38, 21. *đorhbrogden* 51, 27. *đorhsuimmađ* 52, 1. *ormetum* 33, 5. *orfeormnisse* 48, 7. *orsorg* 52, 14. *orceas* 27, 3. *ordonc* 32, 16. *orwige* 28, 26.

2. cf. § 1, 2. C. schreibt wie Ep. *popæg* 16, 17. *popei* 37, 41. lat. *u* entspricht *o* in *box*³) 10, 1. eine erscheinung, welche auch das ws. kennt, ist es, wenn wir *a* finden in *gewarht* 15, 17. vor einfachem kons. im auslaut scheint dehnung eingetreten zu sein, wenigstens begegnet öfter doppelschreibung des *o* in diesem falle: *loob*⁴) 54, 40. *goor* 22, 19 (ahd. *gor*). *hool* 54, 21.

Erf. 1. *asolcan* i 83. *assuollam* t 99. *boga* f 135 etc. hd. *u*: *đorh* p 59. *dor hludgaet* p 43. *dorhgifecilae* p 38. *osmetum* m 80 (für *or*-). *orfermae* s 140. *orsorg* t 118. Erf. schreibt *papoeg* p 289, doch hat der schreiber wol einfach *a* und *o* vertauscht.

§ 12.
Der umlaut des kurzen *o*.

Schon im german. wurde *o* zu *u*, wenn in der auf *o* folgenden silbe ein *i* oder *j* stand. der *i* umlaut dieses *u* ist *y*, vgl. § 16. in einigen seltenen fällen ist nun dieser übergang von *o* zu *u* unterblieben und wir haben direkten umlaut des *o*.

---

1) *fundus*; für *botm?*
2) cf. *hoc-léaf*, Ælfr. gr. gl. 310, 12.
3) lat. *buxus*, vergl. Ælfr. 312, 3.
4) = ws. *lof*, *ymnus* = *hymnus*, vgl. W.-W. 129, 29.

derselbe ist in Ep. oe. die belege sind: *soergendi* 2 f 3. *loerge*[1]) 1 b 3.

Für kurzes *e* steht *oe* in *huuoega* 28 d 34.

C. Der umlaut erscheint als *oe* in: *đroehtig* 38, 40, als *e* in den, dem lat. entnommenen *cerfelle* 12, 42. *cellendre*[2]) 15, 19.

Merkwürdig ist *oembecht* 13, 42, in dem *oe* für ursprüngliches *a* steht. ungenau für *e* steht *oe* in *oefsung* 13, 16, für *ae* in *asoedan*[3]) 45, 8.

Erf. *loergae* a 3.

§ 13.
Das lange *o*.

1. *ô* = german. got. *ô*.

Die länge des *o* ist oft durch doppelschreibung ausgedrückt: *boog* 2 d 11. *hood* 8 f 24. *þoot*[4]) 9 f 13. *broom* 10 d 35. *hrooc* 10 f 4. *croog* 13 d 25. *gloob* 14 f 24. *flooc* 20 b 8. *scabfoot* 21 b 9. *hraebnes foot*[5]) 21 f 24; ferner in: *to* 2 f 18 [28 b 32]. *felduuop* 6 b 3. *gimodae* 7 d 32. *anmod* 7 d 34. *hrof* 14 b 3. 26 f 27. *cros*[6]) 19 d 3. *cynidom* 22 b 30. *obst* 18 b 33 (ws. *ôfost*). *sochtae* 18 b 31. *sol*[7]) 21 b 11.

2. *ô* aus *on*, german. *an* vor den spiranten *f*, *đ*, *s*.

Ep. hat nur belege für *an*+*s*, *am*+*s*: *goos* 5 d 24. *oslae* 15 d 13.

3. *ôh* = german. *âh*, vorgerm. *anh*: *toch* 13 d 19. 14 b 13. *tholicae* 28 b 25 (für *tôhlice*). *thohae* 1 b 8 (got. *þâhô*). *throh*[8]) 22 d 24.

C. 1. im st. v. 4 kl. *forsooc* 17, 15. *forswor* 17, 24.

---

1) C. hat *la^{e}rgae*, E. S. 4, 24. vergl. aber *lorg*: W.-W. 268, 32. 352, 34.

2) aus *coljandrum* für *coriandrum*.

3) für *asaednan*? vergl. W.-W. 147, 4.

4) verschrieben für *woot* (= *wôđ*), *þ* für die rune *wén*.

5) vergl. *hremmes fót*, Ælfr. gr. gl. 310, 13.

6) nach Skeat, Acad. May 10, 1884 soll *cros* das etymon des ersten teiles des ne. compos. *gooseberry*, volksetymologisch für *groosberry*, sein.

7) ein altengl. wort mit der bedeutung *placenta*, vergl. Kluge, Engl. St. VIII p. 479.

8) zu ahd. *drâhajn*, *drâho*.

hlodun 7, 40. *wodan*¹) 26, 9; ferner *gemoot* 15, 34. *brooc* 50, 37. *flood* 10, 10. *bool* 33, 16. *stool* 52, 2; *snod*²) 11, 21. *scoh* 11, 24. *blodsaex* 22, 33. *broðorsunn* 23, 8. *steorroðor* 38, 4. *loma* 15, 25. *to* 20, 44 etc.
2. *goos* 6, 8. 12, 37. 24, 12. 15. *oslæ* 32, 27; *toðum* 49, 31. *sooth*³) 23, 38. *oððaet* 18, 31. *softe* 46, 29.·
3. *toh* 29, 39. *toh-* 30, 6. 54, 32. *troh* 43, 7. *thoae* 7, 2. *apoht* 15, 16. *geðoht* 17, 34. *brohte* 16, 38.
4. germ. got. *ê* entspricht *ô* in *nomun* 7, 40; analogiebildung zu den st. v. 4 kl. ist *ô* in *ofercuom* 35, 17. *forcuom* 35, 6.
Erf. 1. *hood* c 229. *broom* g 27. *gimode* c 92. *obust* p 59 etc. 2. *goos* a 524. *oslae* m 105. 3. *tochtlicae* v 21. *thoch* l 50. *throch* r 47. *thoę* a 8. 4. *noumun* a 247.

§ 14.

Der umlaut des langen *o*.

Umlaut des *ô* ist *œ̂*, geschrieben in Ep. stäts *oe*. die belege sind: *giroedro* 1 d 17. *boccae* 1 f 2. 9 d 2. *giroefan* 7 d 26. *-a* 8 d 26. *groetu* 7 f 10. *gloed*⁴) 8 f 3. *suoeg* 9 f 16. *foernissae* 12 d 8. *uuoendendi*⁵) 13 d 7. *oeghuuelci* 17 b 9. *framadoenre* 22 d 13. *roedra* 22 d 25. *gifoegnissae* 23 d 14. *groepum* 24 d 14. *gloedscofl* 28 b 28. *coecil* 26 f 22. in der decl.: *broec* (zu *brôc*) 13 d 3. das *ae* in *fachit* 19 d 27 (*pingit = pangit*) und *faedun* 19 f 33 (*pangebant*) hat wol auch als umlaut von *ô* zu gelten. dass *fachit* = ws. *fêgđ*, *fêhđ* von *fêgan*, mhd. *vüegen* zu setzen sei, scheint 1. aus der bedeutung des lat. wortes, 2. aus der, sicherlich aus gleicher quelle wie Ep. C. fliessenden glosse W.-W. 469, 8: *pingit fêgđ* hervorzugehen, vergl. auch W.-W. 526, 27: *pangit fægde*. C. schreibt an den entsprechenden stellen genau wie Ep. die

---

1) *inergumenos* für *immergimus*.
2) cf. Ælfr. gr. gl. 303, 16.
3) in der vorlage stand *sót*, welches der schreiber als *sód* nahm, *fulgine* = *fuligine*, cf. Ælfr. gr. gl. 37, 4.
4) dem anscheine nach ist *gloed* nicht das dem hd. *glut* entsprechende wort. es bedeutet *foltermaschine* und erscheint in C. 10, 34 als *geloed*. Vergl. W.-W. 201, 15.
5) für *uuoedendi*.

§ 14. ê. § 15. kurzes u.

vorlage des schreibers von Erf. hat die gleiche schreibung gehabt: *faethit* p 205. *faedum* p 247.

C. 1. Auch in C. ist der umlaut des ô mit wenigen ausnahmen *oe*: *gcroedro* 6, 14. *roedra* 43, 25. *boece* 4, 16. 21, 11. 19, 40. *geroefa* 14, 28. *-an* 12, 26. *folcgeroebum* 3, 12. *uuicgeroebum* 50, 34. *groetu* 14, 21. *grocto* 32, 26. *geloed* 10, 34. *suoeg* 23, 18. *foernisse* 27, 14. *oberfoerde* 19, 20. *unoferfoer* 28, 25. *woedendi* 31, 19. *uuoedende* 8, 25. *woedeberge* 19, 9. *oeghwelce* 35, 39. *spoed* 41, 36. 19. 49, 15. *gefoegnisse* 44, 25. *foeging* 29, 2. *groepum* 45, 38. *grocpe* 29, 12. *gloedscofl* 52, 21. *gloed* 11, 25. *gloede* 41, 30. *uuoende* 4, 10. *foedils* 5, 15. *suoetnis* 5, 29. *groeni* 8, 6. 11, 22. *doema* 12, 27. *afoedde* 15, 30. *coerin*[1]) 16, 37. *wroegdun* 17, 17. *wroegde* 17, 27. *foedan* 20, 14. *focda* 21, 23. *roede* 21, 34. *broedeth* 22, 36. *gestoepid* 28, 31. *afroebirdum* 30, 9. *moette* 35, 29. *smoedum* 40, 15. *unsmoedi* 46, 11. *coecil* 51, 13. dekl. *gyrdilsbroec* 30, 42. umlaut des ô aus *an oestful* 54, 23 (got. *ansts*). einmal erscheint der umlaut als *oi: woidiberge* 25, 26 (cf. 19, 9). zweimal als *e: cecil* 49, 28 (cf. 51, 13). *ondest*[2]) 47, 31 (neben *adoenre* 43, 23. *ondoen* 26, 22).

2. in ungenauer schreibung für *ê* oder besser *ê* steht *oe* in: *bloestbaelg* 2, 10. *suoesendo* 4, 32.

Erf. *geroedra* a 57. *boeccae* a 79. *boeccc* f 39. *gloeto* c 107 (für *gr-*). *geleod* (für *oe*) c 211. *spoed* p 277. s 148. *roedra* r 48. *groepum* s 164. *gyrdilsbroec* l 35. *e* für *oe* in: *suueg* f 92.

§ 15.

Das kurze *u*.

U steht in Ep. wie im gemeinae:

1. für westgerman. *u* α) vor gedecktem nasal; so im st. verbum: *utathrungaen* 7 b 7. *auundun* 12 b 5. *auunden* 26 d 27. *halbclungni* 24 b 28. *asuundnan* 27 d 20; ferner in *thungas* 1 f 3. *lundlaga* 22 b 18. *mund-* 24 b 31. 32. 28 b 15. *gundaesuelgiae*[3]) 25 b 30. β) sonst, in zahlreichen

---

1) cf. Ettm. 387.
2) *solvat* für *solvas, solvis.* Ettm. p. 569 belegt *ondôn = solvere.*
3) = *grundaesuelgiae.* auch in Erf. (s 257) und C. (46, 31) fehlt das *r*.

wörtern: *hrutu*[1]) 1 d 26. *bucc* 5 f 22. *hautbeam* 16 b 11. *sculdur* 25 b 17. *þus* 27 d 2 etc.

2. = westgerman. *o α)* vor einfachem nasal: *hunaeg* 14 b 14. 20 d 10. *unofaercumenrae* 12 d 17. *binumini* 2 f 32; nur durch die flexion in geschlossener silbe: *ginumni* 2 f 27. *binumni* 2 f 30. *β)* sonst: *uulfes* 7 d 6. *fuglaes* 28 d 23. [*fuglum* 28 ḥ 32] in *ful(l): fultemendi* 2 d 35. *fultemendum* 2 f 20. *maanful* 12 b 14. *handful* 15 b 21. *genyctfullum* 17 f 31.

3. aus hellem vokal nach *w: uusend* 6 d 27. *sinuurbul* 27 d 26. *uudubil* 9 d 29. *uuluc* 12 f 13.

anm. *u* in *multi* 13 f 10 ist verschrieben für *i*.

C. 1. *α) gerunnen* 15, 43. *asundun*[2]) 18, 1. *abundæn* 19, 46. *suungen* 20, 32. *auunden* 40, 8. *spunnun*[3]) 43, 32. *þrungun* 51, 20. *acrummen* 21, 26; *tunne* 16, 21. *pundur* 38, 36. *pund*[4]) 41, 39. *β) hnutbeam* 34, 32. *sculdur* 46, 5; aus lat. *u* in *musclan* 15, 44 (*musculus*) etc. in *towuorpon* 16, 44 findet sich *uo* für *u*.

2. *α) hunig-* 30, 12. 37, 36. *binumine* 3, 1. *bunan* 12, 23. *steopsunu* 22, 23. 37, 19. *wunat* 28, 21. *þuner* 28, 34. *dryhtguma* 36, 37. *brydguma* 42, 5.

Dagegen scheint sich *o* vor nasal erhalten zu haben in *romei* 10, 31 (*catabatus* für *cacabatus*), das später nur mit *u* auftritt, vergl. W.-W. 362, 12. 372, 22. 370, 9. 507, 28. *β) wulfescamb* 10, 25. *wulf* 31, 15. *rust* 19, 37[5]). *fuglesbean* 53, 30. *fultum* 19, 16. *fultemendum* 3, 38. *fultemend* 23, 21. *furhwudu* 39, 34 (ahd. *forha*).

3. *uudu (wudu)-* 12, 15. 18, 35. 27, 40. 38, 8. 39, 34. 21, 17. 19. *uulluc* 27, 39. *uduuta* 39, 20. *siunhuurful* 50, 21. *huitcudu* 32, 4.

Erf. 1. *α) ut athrungen* c 32. *halb cluingni* s 138. *mundbyrd* s 142. *thungas* a 80. *lundlaga* r 2. *gundae suelgae* s 257 etc. *β) hnutu* a 66. *hnutbeam* n 12. *sculdra* s 242. 2. *α) hunegsugae* l 122. *un ofer cumenrae* i 90. *β) flugles*

---

1) für *hnutu*.
2) = *asuundun*, mit ausfall des *w*, vergl. § 30, 1.
3) *reuerant* für *neverant*.
4) *praesorium*, nach Sievers, Engl. Stud. VIII 156 für *pressorium*.
5) *erugo* für *ferrugo*.

bean v 57. *uulfescamb* c 68. bei der hd. herkunft des schreibers von Erf. sind fehler wie *binoman* a 225. *mcinfol* i 51 erklärlich. 3. *uulluc* i 123 und dafür *uusluc* c 21. *uurluc* c 65. *sinuulfur* t 145.

§ 16
Der umlaut des kurzen *u*.

Umlaut von *u* ist *y*. der unumgelautete vokal erscheint als *u* und *o* (§ 12). belege sind: *-uuyrt* 1 d 38. 11 d 22. 12 b 29. 15 b 33. 21 f 25. 27 b 35. 28 d 14. *nyttum* 2 f 18. *handuyrp* 5 f 30. *lytlae* 8 b 17. *tyctaend* 12 b 8. *tyctinnum* 12 b 15. d 12. *-ae* 12 b 19; 13 d 13. 24 b 33. *gyrdils* 13 d 3. 20. *uuyrm* 14 b 10. *lediruuyrcta* 6 d 13. *uncystig* 9 b 36. *mynit* 16 b 9. *tylg*[1]) 18 b 18. *genyctfullum* 17 f 31. *uuyrdae* 18 d 17. *uuyd* 25 f 28 (für *uuyrd*). *spyrng* 7 b 6. *spryng*[2]) 19 f 22. einmal begegnet die schreibung *iu* für *y*: *gitiungi* 2 f 22.

Dem einflusse des vorhergehenden *w* ist es zuzuschreiben, wenn in *uuyr* 15 b 5 *y* für *i* gesetzt ist[3]).

C. *-wyrt* 18, 34. 44. *ymb-* 40, 10. 5, 28. 17, 8. 48, 20. *byden* 1, 6. 16, 20. *hyhtful* 27, 42. *tyhton* 28, 35. *-ed* 47, 26. *-o* 30. *-an* 32. *getyhtan* 21, 3. *cynedomas* 21, 28. *wyrd* 22, 41. *drync* 25, 16. *tyndre* 34, 5. *mynit* 34, 20. *brycg* 40, 29. *bythne*[4]) 11, 18. *wylf* 31, 16. *hlyte*[5]) 40, 13. *stryndere*[6]) 42, 6 etc. *ui* für *y* gewährt: *buiris* E. S. 1, 10 (ws. *byres*).

Bemerkenswert sind die unumgelauteten formen: *scultheta* 20, 26 und *ontudri* 18, 42. *y* für *i* nach *w* begegnet in *uuyndecreft* 7, 12.

Erf. *crycc* l 32. *tylg* p 44. *uyrd* s 335. *uuyrdae* p 82. *mycg* s 114. *gyrdils-* l 35. 51. *unnytnis* n 26. *misbyrd* a 197. *spryng* c 31. p 236.

---

1) vergl. got. *tulgus*.
2) Cosijn § 35, 2 führt *aespryng*, *welsprynge* unter den wörtern auf, in denen *y* ungenau für *i* steht, aber auffälligerweise auch § 50 (pag. 76) unter dem umlaut von *u*.
3) über diese erscheinung im frühws. vergl. Cosijn § 35, 1.
4) W.-W. 362, 31 *bytne*, 288, 3 *bytme*.
5) *portio* ist wol entstellung aus *sort-* (zu *sors*).
6) vergl. W.-W. 511, 23 gegen 470, 12 und Ettm. 747.

Aus *i* durch vorhergehendes *w* entstand *y*. in *uuyr* m 76. *uuydu blindae* i 125.

§ 17.
Das lange *u*.

1. *û* = german. *û*.
Mit doppelschreibung des *u*·in: *bruun* 6 d 26. 9 d 33. 17 b 33. *tuuncressa* 16 b 21. *cebęrtuun* 28 b 20. *uuf* 6 b 34. *gibuur* 6 f 15. *luus* 20 b 22. *thruuch* 26 f 36, ferner in *fulae trea* 2 b 17. *surae* 2 d 7. 25 b 28. *thruch* 8 f 10. *utathrungaen* 7 b 7. *uppae* 12 f 9. *hlutrae* 13 d 12. *hunae* 15 b 33. *mus* 15 d 11. 25 b 32. 37. *burgrunae* 18 d 9. *thuma* 20 b 34. *cuscutan*[1] 20 d 9. *afulodan* 27 d 20. *thrustfel*[2] 6 b 20. *u* = lat. *ū* in: *plumae* 20 b 35. *urum* 28 f 20.

2. *ú* = *un* + spirant: *suþ* 5 d 25. *sud* 9 f 38.
C. 1. *tuun* 14, 41. 15, 8. 9, 35. *bruun* 23, 24. *muusfalle* 33, 19. *cuu* 52, 29; *muha* 3, 10. *anscungendi* 6, 13. *huses* 18, 23. *hebenhus* 29, 22. *utcualm* 28, 28. *ule* 34, 19. *ascufið* 41, 15. *mushubuc* 47, 33. *hrutende* 48, 28. *butan* 49, 31. *cucaelf* 54, 7. *ulae* 54, 12. E. S. 11, 7. *thrustfel* 9, 6; in *waeterdrum* 11, 2 ist *ú* resultat einer kontraktion (aus *drúhum*).

2. *eastansudan* 3, 4. *sudanwestan* 3, 7. 4, 25. *westsudwind* 4, 26. 21, 20. *uduuta* 39, 20.
Erf. 1. *bruun* f 70. o 74. *luus* p 274. *uuf* b 43. *ut* c 32. *mus* m 104. s 259. 264. *hlutrae* l 43. *burgrunae* p 75. *thumo* p 286. *cuscotae* p 298; *plumae* p 287. *urum* u 94. 2. *sud* a 525.

§ 18.
Das lange *y*.

1. *ŷ* = umlaut von *û*: *unbryci* 12 b 34. *scyhend* 15 b 30. *rysil*[3] 1 b 5. *scaldthyflas* 2 d 2. *riscthyfil* 12 b 28. *ryac* 27 b 23. *ryhae*[4] 28 d 18. 28 d 19. *chyae*[4] 8 f 25.

---

1) ne. dialektisch *cowshot*.
2) got. *þrūtsfill*, vergl. Sievers, Beitr. IX pag. 254 und 278 (384). Wülker trennt unrichtig (C. 9, 6): *blaecthrust fel*.
3) zu *hrūse*, cf. W.-W. 159, 6.
4) vergl. Sievers, Beitr. IX 212 (§ 116).

2. ẏ = german. úi in *fyrpannae* 1 b 22.

C. *unbryce* 26, 16. *scyend* 32, 3. *rysel* 8, 7. *scaldhyflas* 5, 6. *riscdyfel* 28, 41. *rye* 49,·43. 53, 31. *lininryee* 53, 33. *byre*[1]) 32, 9. *hydae* 17, 7. *brydguma* 42, 5. *stryta* 48, 37. *adytid* 19, 12. *atynid* 20, 19. [*apryid*][2]) 20, 16; umlaut des *ú* aus *un*: *cydenne* 28, 32. Durch *uii* ist ẏ ausgedrückt in *gruiit* 40, 24. (*pollinis;* gen. zu *grút*, vergl. Beitr. IX p. 251. ob das folgende *grytt* 40, 25 = *grŷt* zu fassen, oder dem von Sievers a. a. o. vermuteten *grytt* (nom. sg.) gleichzusetzen sei, ist zweifelhaft (Ep. 20 b 36 *grytt*, Erf. p. 288 *gryti*).

2. *fyrponne* 7, 3. *fyrcruce* 16, 27.

3. ẏ aus *y* nach ausfall eines *g*: *gehydnis* 36, 7.

Erf. 1. *unbrycci* i 70. *rycthyfil* i 65. *hryhae* t 103. *ryhae* v 54. 55; *i* für ẏ in: *risil* a 5. *ciae* c 230. 2. *fyrponne* a 22.

§ 19.

Das kurze *éa*.

Die brechung des kurzen *a* ist *ea*. sie tritt ein:

1. vor *r* + konsonant. die belege sind: *eárngeat* 2 b 21. *fósturbearn* 3 b 8. *stearno* 5 f 29. *ediscueard* 6 d 5. *uueard*[3]) 24 d 21. *uue*[*a*]*rtae* 6 d 12. 19 d 1. 28 b 4. *fearn* 9d 5. *mearth* 9 d 11 (hd. *mart*). *spearuua* 9 d 34. *thearm* 11 f 28. *earbetlicust* 14 d 21. *gearuuae* 15 b 9. *hearma*[4]) 15 d 14. 16 b 20. *mere uucard* 18 b 10. *heardnissde* 22 d 14. *thuearm* 23 d 21. *cearrucae* 25 b 22. *scaedugeardas* 26 f 15.

Dieses *ea* erhält sich auch, wenn *c* oder *g* auf das *r* folgt: *fristmearc* 12 d 30. *mearisern* 8 d 35 (für *mearc-*). *uue*[*a*]*rgrod* 9 b 28, dagegen steht *ae* in den beiden belegen, wo *h* folgt: *faerh* 20 b 18. *maerh* 13 f 3. ungebrochen findet sich *a* vor gedecktem *r* in: *sparuua* 23 f 15. doch ist

---

1) ahd. *búri* in *hóhbúri*, vergl. Sievers, Engl. St. VIII 155.

2) vergl. Beitr. IX pag. 294.

3) Die ursprüngliche quelle hatte *uuad* = *wád.* C. 45, 2 hat denselben fehler wie Ep. die gloss *sandix wad* (später *wod*) begegnet noch siebenmal in W.-W.

4) = wiesel, hermelin. Wülkers anm. ist unrichtig; vergl. Sievers, Engl. Stud. VIII 155.

dieses wort überhaupt wol entstellt, *sura* ist im ws. *spær-lira* (*spearlira*). Ettm. 714, W.-W. 160, 18. 307, 24. 537, 3. einmal tritt *aa* für die spätere ws. brechung auf: *uaar* 2 b 28, vergl. W.-W. 197, 12. 363, 5. 30 und C. 5, 1. 12, 13. *e* für *ea* begegnet in *geruuae* 14 d 28 (cf. *uuc*[*a*]*rtae* 6 d 12).

2. vor *l* + kons. bleibt, wie § 1 gezeigt worden ist, *a* bis auf einen fall: *fealga* 17 b 19 erhalten.

3. vor *h* + kons.: *leax* 12 f 11. *leactrocas*[1]) 8 f 34, in der mehrzahl der fälle wird aber dieses *ea* durch den einfluss des folgenden *h* zu *e*, *ea*, vergl. § 20 II.

4. *a*, durch den folgenden dunkelen vokal gebrochen: *heamol* 9 b 36. *bearug* 15 b 29, *scead*[*u*] 23 f 21. *hreathamus* 25 b 37. *hreaducmus* 28 f 21. doch ist ungebrochener vokal in diesem falle das gewöhnliche, § 1, 3a.

C. 1. Folgt auf *r* ein *c*, *g* oder *h*, so tritt stäts der sog. palatalumlaut ein. sonst erscheint mit wenigen ausnahmen die brechung: *carngeot*, *-geat* 7, 7. 27. *fostorbearn* 5, 12. *stearn* 8, 36. 22, 6. *uucard* 45, 2. 9, 36. 20, 43. 26, 6. *wearte* 37, 9. 8, 40. 52, 32. 36, 14. *fearn* 22, 8. *meard̄* 23, 31. *spe*[*a*]*rua* 49, 8. 21, 38. *þearm* 26, 24. 20, 21. 28. 22, 7. *earbetlicust* 32, 41. *earfedlice* 19, 2. *carbede* 34, 35. *gearwe* 32, 36. *gearuum* 20, 23. *hearma* 32, 28. 34, 6. *mereweard̄* 38, 20. *ungesenewcū*[2]) 17, 46. *heardnisse* 43, 40. *heardhara* 33, 25. *heardheau* 13, 9. *cearricgge* 46, 30. *sceadugeardas* 50, 21. *wüngeardes* 5, 32. *wearnwislice*[3]) 18, 4. *suearth*[4]) 11, 36. *suc*[*a*]*rm* 20, 39. *wearp* 48, 33. 54, 3. *gearnuuinde* 43, 34. *sueflsueart* 49, 20. *fear* 50, 8. *sceap̄* E. S. 3, 13 (i. e. *scearpnis*). *wearnmelum* 25, 1 (ws. *wornmǣlum*), dafür steht ungenau *eo* in *seorwum* 14, 40 und *weorras* 11, 30, letzteres neben *waar* 12, 13 (*callus*). 5, 1 (*alga*).

2. vor *l* + kons. begegnet nur reines *a*.

3. vor *h* + kons. tritt der palatalumlaut ein. eine ausnahme bildet nur das fremdwort *leactrogas* 14, 35.

4. in ⅔ der fälle ist *a* bei dunkelem vokal der fol-

---

1) aus lat. *lactuca*.
2) für *ungeséne weard* (*disparuit*).
3) später mit eingeschaltetem *t: wearnwistlice*, Ettm. 97. vergl. Beitr. IX pag. 218 (§ 196).
4) für *suearm*, lat. *cater* statt *caterva*.

§ 20. *i-* und palatalumlaut des *ea.*

genden silbe erhalten. brechung zeigen vor guttur: *heagodorn* 4, 38. *rcagufinc* 8, 35. *heagaspen*[1]) 24, 14. *weagat* 29, 29. *onscacan* 17, 29; vor dentalen: *geaduling* 23, 6. 37, 20. *geuueada*[2]) 52, 30. *cleadur* E. S. 16, 4; vor labialen: *geabuli* 4, 19. 17, 13. *geabulesmonung* 20, 41; vor liquiden: *heamul* 23, 9. *bearug* 32, 1. **Erf.** 1. *meard* f 50. *spearua* f 72. *thearm* i 28. *hearma* m 107. n 21. *uearte* p 179. *pearroe* c 200. *cearricae* s 249. aus den schreibungen *uuertae* v 1. *uaertae* b 65. *aerngeup* a 137 (= Ep. 2 b 21). *foetribarn* a 238 u. s. w. darf man bei dem hd. schreiber, der den laut *ea* garnicht kannte, keine schlüsse ziehen. 2. vor *l* + kons. ist *a* erhalten. 3. *leactrocas* c 239. 4. *sceadu* s 91. *hreadamus* v 95. *hreathmus* s 264. *healful* f 37 (für *heamul*). von *gaebuli* a 260 gilt das unter 1. bemerkte.

§ 20.

Der *i*-umlaut der brechung *ea* und der einfluss eines folgenden palatals auf dieselbe.

I. Beim *i*-umlaut kommt natürlich nur das § 19, 1 behandelte *ea* in betracht. der umlaut des *a* vor gedecktem *l* ist bereits § 3 β 4 behandelt. vor *r* + kons. wird *ea* zu *e* umgelautet: *gegeruuednae* 7 d 25. *gigeruuid* 17 f 38. *sercae* 1 d 29. *heruuendlicae* 7 d 9. *ferhergęnd* 10 d 37. *tochgęrd* 14 b 13, dagegen steht *ae* in *segilgaerd* 3 b 12.

II. Der palatalumlaut tritt in dem § 19, 1 entsprechenden falle nur in den belegen ein, wo der auf *r* folgende konsonant *h* ist: *faerh* 20 b 18. *maerh* 13 f 3. dies ist wol nur ein spiel des zufalls.

Vor *h* + konsonant erfährt *ea* den palatalumlaut. dass demselben die brechung vorherging, beweist nicht nur ein vergleich mit dem ws. *ie, y*, sondern auch das zweimalige auftreten des unumgelauteten diphthongs, § 19, 3. als *e* erscheint der umlaut in: *ambechtae* 7 d 10. *ambect* 22 d 8. *arec̨ae* 7 d 36. *brectme* 24 b 23. *nectigalae* 16 b 15. *nectaegalae* 22 b 27; als *ae* in *naechthraebn* 16 b 15. 18. *achtath* 21 d 14. *aex* 1 d 10; seltener ist die erhaltung des *ea* (§ 19).

---

1) cf. Ettm. 447.
2) zum st. v. *wadan.*

C. I. Meist steht *e: forhergend* 24, 41. *hergiung* 21, 4. *heuuendlice* 13, 41 (für *heruu-*). *gegeruuid* 41, 1. *wergendi* 16, 41. *ferdun*[1]) 20, 38. *gerd* 53, 39. 9, 29. *mersc* 11, 23; dagegen *ae* in: *gegaerwendne* 14, 12. *faerd* 20, 17. *gærd* 30, 6. 6, 1. *maere*[2]) 21, 41; *ie* zeigt *gierende* 50, 9, in dem nach *r* ein *w* ausgefallen ist.

II. α (entsprechend § 19, 1). Als *ae* erscheint der palatalumlaut in: *waergrood* 23, 23. *haerg* 31, 11. *haerga* 44, 32; *firstmaerc* 27, 31. *gemaercode* 28, 2. *spærca* 46, 8; *faerh* 40, 21. *mærh* 31, 5, als *e* in *merg* 32, 29. *merciseren* 10, 33. β. (entsprechend § 19, 3) der palatalumlaut ist *ae: naect-* 31, 13. 44, 3. 25, 34. *naehthraefn* 34, 21. *braechtme* 48, 21. *aehtað* 39, 13. *gelaechtnad* 25, 38. *haehtisse* 19, 45. *ambaect* 43, 5. *aex* 8, 10. *aexfaru* 6, 22. *saex* 16, 31. *blodsaex* 22, 33. *peohsaex* 46, 13. *waexcondel* 23, 37. *laex* 28, 37. E. S. 19, 40. *faextaelg*[3]) 23, 28; dafür begegnet *e* in *ðhuehl* 17, 5 (vergl. got. *þwahl*, ahd. *dwahal*, ws. gewöhnlich *þwéal*), *ie* in dem substantivum *forsliet* 28, 16 mit ausfall des *h* (lat. *internecio*).

Erf. I. *gegeruednae* c 86. *fohergend* g 29. *sercae* a 73. *gerd* l 119, neben *haeruendlicae* c 71. *segilgaerd* a 242.

II. α) *uaergrod* f 30. *frit maerc* i 103. *maerh* l 72. *faerh* p 270, *merisaen* c 205 (für *merc-*). β) *acchtath* p 420. *nęctęgelu* a 83. *tumaex* a 49; *nethhraebn* n 19 (*neht-*). *bretme* s 133 (*brehtme*). *necegle* r 11 (*nectegale*).

§ 21. *êa*.

Germanischem *au* entspricht in Ep. wie im gemeinae. *êa: sceabas* 1 f 10. 10 d 38. *earngeat* 2 b 21. *earuuigga* 2 b 25. *streamrad* 2 f 13. *east* 6 d 34. *read* 9 b 20. *-beam* 8 f·22. 23. 9 d 3. 16 b 11. *deatlicostan* 9 f 2. *threatmelum* 14 d 17. *uuaelreab* 15 b 14. *stream* 22 b 25. *bean* 28 d 23, auch vor *g, c, h* ist *ea* oft erhalten (§ 22): *randbeag* 6 d 11. *leag* 13 f 6. *geacaes* 2 d 7. *andleac* 22 d 15. *teac* 25 b 18. *sigbeacn* 26 f 19. *bradaeleac* 23 f 3. zu beachten ist: *treule:snis* 17 f 34. *re[a]d* 6 f 34.

---

1) für *ferdum*.
2) ahd. *meriha, marha*.
3) *faex* und *taeig* dürfen nicht durch ein komma getrennt werden, wie bei W. geschieht. die bedeutung von *faextaelg* ist *haarsalbe*.

§ 21. *éa*. § 22. umlaut von *éa*. 37

Ueber *êa* für *êo* vergl. § 25.

C. 1. *êa* aus ursprünglichem *au*: *sceabas* 6, 36. 24, 2. *earwicga* 7, 33. *earngcat* 7, 27. *stream* 43, 13. 5, 10. *eastan-* 3, 4. 8. *read* 22, 24. 44, 15. *readc* 11, 5. *-beam* 10, 39. 11, 4. 12, 32. 23, 29. 34, 32. *dcadlicustan* 23, 36. *deadraegelum* 37, 6. *þreatmelum* 31, 22. *threatade* 54, 31. *þreatcnde* 31, 33. *wælreaf* 31, 35. *bcan* 13, 8. 21, 27. *ceapstou* 14, 5. *ceapcncht* 19, 15. *lean* 19, 16. *geapum* 37, 17. *reccileas* 41, 17. *hèap* 48, 17. *dcawe* 44, 9. *onheawas* 14, 2. *ansccat* 20, 18.

2. *êa* auf kontraktion beruhend: *flean* 17, 23, auch *meau* 5, 16. 29, 25. *me[a]u* 24, 7. (ws. *mèw*).

Besonders hervorgehoben zu werden verdienen die fälle, in welchen *éo* für *éa* steht, nämlich: *earngeot* 7, 7 (neben *earngeat* 7, 27). *gefreos* 34, 41 (lat. *obriguit*). *eorscripel* 6, 23, *aeo* in: *genaeot* 27, 41. *gleu* 44, 28 entspricht ws. *gléaw*.

Erf. 1. *sceabas* g 30. *stream* r 9. *-beam* c 228. f 42. n 12. *theat melum* m 8 (für *threat-*). *uuelreab* m 83. *gebeatten* b 40. auf die schreibung *eu* in *eustnorduind* b 87. *reud* c 21. *dcudlicustan* f 78. *aerngeup* (= *geat*) a 137 ist nichts zu geben. der schreiber setzt auch sonst für ein *a* seiner vorlage *u*: *rondbueg* b 64 (= *baeg*) u. ö.

Vor *c*, *g*, *h* findet palatalumlaut statt. doch unterbleibt derselbe zuweilen: *andleac* r 38. *bcanc* (= *beacn*) t 59. *teag* s 245.

§ 22.
Der *i-* und palatalumlaut des *êa*.

I. Der *i*-umlaut des *êa* ist in Ep. *ê*. belegt ist nur: *gilebdae* 28 d 27 und *sceolhegi* 26 b 15 (später *sceolhȳge*; doch bewürkt *g* allein den übergang in *é* bei *egan* 28 d 31).

II. Bei folgendem palatal hat Ep. in 7 fällen *êa* erhalten, dagegen zeigt sich 6 mal der palatalumlaut: *aec* 21 f 18. *herebaeccon* 24 b 8. *laec* 2 d 6. 8. *lęc* 1 d 27; *ê* in dem eben erwähnten *egan* 28 d 31 (§ 21).

C. I. Die belege für den *i*-umlaut des *êa* sind: *beme*[1]) 15, 21. 50, 38. *ancge* 30, 37. *scelege* 49, 3. *gehcende* 20, 15.

---

1) ws. *bȳme*, zu *béam*.

38 Vokalismus.

clifhlep 39, 1. *geheresthu* 25, 19 (hörst du); als *ae* erscheint derselbe in *raedda* 44, 18 (zu *rêad*).

II. In C. hat der palatalumlaut viel weiter um sich gegriffen als in Ep. man findet ihn als *ae* in: *aec* 42, 33. *laec* 5, 35. 7, 23. 12, 35. 46, 16. *caecbora*[1]) 6, 12. *gaec* 16, 24. *gæces* 3, 22. *herebæcun* 49, 36; *rondbaeg* 10, 3. *laeg* 29, 16. *waebtaeg* 30, 29. *bacg* 33, 18; *flæh* 42, 20. *haehsedlum* 42, 1. *haehnisse* 49, 24. selbst in der verbalform: *onlaec* 43, 24; als *e* begegnet der umlaut in *gaarleec* 4, 37. *sigebecn* 51, 25. *herebenc* 47, 16 (= *-becn*). *egan* 53, 38.

Endlich ist noch zu erwähnen, dass sich zwei mal unumgelauteter diphthong findet: *geac* 24, 17 und *healecas* 7, 13, letzteres mit ausgefallenem *h* (nicht *heahlecas*, wie Wülker liest, vergl. Engl. Stud. VIII 151).

Erf. I. Uebereinstimmend mit C. Ep. ist der umlaut des *êa* = *ê*; *gilepdae* v 61. *sceolegi* s 362. II. Folgender palatal veranlasst gewöhnlich monophthongierung des *êa: acc* q 11. *laec* a 162. *lacg* l 75. *rondbueg* b 64 (für *-aeg*). *aegan* v 65. *ê* in: *bradelec* s 73. *gecaessarae* a 161. *herebecon* s 117.

§ 23.

Das kurze *éo*.

1. Vor gedecktem *r* wird *e* in Ep. zu *eo* gebrochen in: *fcruuitgcornnis* 7 f 4. *geornlice* 17 b 8. *geeornnissac* 12 d 2. *eordrestae* 8 b 26. *fcormat* 9 b 11. *gcormantlab* 15 b 32. *aqueorna* 23 f 33 [*eornęsti* 24 d 5], dafür steht *io* in *uuandacuui*[*o*]*rpac* 27 d 22. *ea* für *eo* begegnet in *felofcarth* 27 b 30 (C. 51, 16 *feoluferd*, Erf. t 110 *felufreth*).

Dass in Ep. neben der brechung auch oft ungebrochener vokal auftritt, ist § 7, 1 gezeigt worden. ist der das *r* deckende konsonant ein palatal, so ist die erhaltung des *e*, bezw. der palatalumlaut das gewöhnliche. doch ist auch hier eine ausnahme zu verzeichnen: *algiuu*[*eo*]*rc* 12 f 12.

2. Vor *lh* begegnet in Ep. einmal gebrochener, zweimal ungebrochener vokal § 7, 2.

3. Kurzes *e* oder *i* erscheint vor dunkelem vokal der

---

1) vgl. W.-W. 268, 29. 349, 34. auch das simplex *ceac* begegnet häufig in den glossen.

folgenden silbe silbe ungebrochen (§ 7, 4. § 9, 4). die einzige ausnahme bildet *geolu* 28 b 26. doch weisen die formen *uusend* 6 d 27. *sinuurbul* 27 d 26. *uudubil* 9 d 29. *uuluc* 12 f 13 auf eine grössere ausdehnung der brechung.

C. 1. R + kons. führt die brechung herbei. die wenigen ausnahmen dieser regel sind § 7, 1 β notiert. die belege für *eo* sind: *feorwit*, *geornis* 16, 15. *geornis* 27, 11. *geornlice* 35, 7. [20, 29]. *eordreste* 10, 30. *fcormat* 22, 36. *eornisti* 46, 26. *wondeuucorpe* 49, 41. *aqueorna* E. S. 45, 30. *weordmyndum* 4, 6. *uueordmynd* 26, 19. *steort* 11, 34. *heor* 12, 8. *hcordsuaepe* 41, 33. *heorde* 22, 43. *sueorde* 48, 32. *suansteorra* 53, 16. *ceorl* 54, 37. *heordan*[1]) 48, 13; bei folgendem palatal begegnet nur zweimal gebrochener vokal und zwar *eo* in *licbeorg* 44, 31; *io* in *briostbiorg* 42, 8; ungenau für *eo* steht *ea* in *insondgewearp* 28, 17 (vergl. W.-W. 289, 2. 422, 30).

2. Vor *lh* erfährt *eo* den palatalumlaut. doch ist *eo* erhalten in *eola* 16, 36, wo das *h* im inlaut geschwunden ist (also sw. m? oder verschrieben für *eolh*?).

Zweimal erscheint brechung vor *lf*: *seolfbonan*[2]) 9, 9, und *ceolborlomb*[3]) 19, 25, bei letzterem ist das *eo* vielleicht durch das *o* der folgenden silbe veranlasst.

3. Mit verschwindend geringen ausnahmen (§ 7, 4. § 9, 4) ist *e* und *i* gebrochen, wenn in der folgenden silbe ein dunkeler vokal sich befindet:

a) Ursprüngliches *e* wird zu *eo*: vor dentalen *gefeotodne* 3, 27. *feotod* 7, 17. *feotur* 38, 35. -or 8, 24. *seotu* 10, 7 und sogar vor *tt meottoc* 51, 28. *meottucas* 30, 10; *meodomlice* 18, 14. *smcodoma*[4]) 40, 11; *drifeodor* 51, 34; vor labialen *screope* 2, 9. *eoburthrotc* 15, 9. *eobor* 6, 15. *eobotum* 43, 4; vor liquiden *tuiheolore* 9, 14. *steola* 12, 19. 10, 28. *geolu* 24, 18. 52, 39. *feolufer* 36, 3. 40, 18. *feoluferd* 51, 16. *eolene* 26, 23; *freomo* 8, 38; *weorod* 4, 33. *teoru* 16, 22. 24, 36.

---

1) hd. *hede*. über das verhältnis des letzteren zum ae. wort vgl. Kluge, Etym. wb. pag. 128a.
2) das frühws. schreibt gewöhnlich *self* (Cosijn pag. 36), der Psalter (Vespas. A I) *seolf* (Zeuner § 8 I 2, pag. 26).
3) *cilforlomb*, W.-W. 392, 15. Ettm. pag. 381.
4) cf. W.-W. 153, 41. 505, 12.

43, 15. *speoru* 14, 23. *smeoro* 44, 26. *-u* 54, 16; vor *s ceosol* 25, 8. 52, 34. *beosu* 22, 14. 36, 28. zu beachten sind die fälle, in denen der vokal der folgenden silbe höher als *a* ist: *beorende* 19, 24. *aetweosendre*¹) 26, 20. *eolene* 26, 23 und *screope* 48, 11. in den drei ersteren stand ursprünglich in derselben ein tieferer vokal, im letzteren hat die analogie anderer casus gewürkt. bemerkenswert ist der umstand, dass auch dunkeler vokal der flexionssilbe die brechung veranlasst. *io* für *eo* steht in: *scriopu* 46, 9. *tiorade*²) 17, 32.

β. ursprüngliches *i* wird zu *io* gebrochen: vor dent. *glioda* 32, 34. *lioduwac* 25, 18. *unlioþuwacnis* 26, 18. *niodanweard* 26, 6; vor lab. *suiopum* 22, 28. *suiopan* 31, 34; vor liq. *tioludun* 39, 10. *uuiolocas* 14, 37. *wiolucscel* 37, 11. *wiolocread* 13, 37. 15, 45; *gionat* 23, 42. *sionu* 34, 12. *sionuualt* 51, 18. *cionecti* 43, 37; vor *s: piose* 30, 7.³). *piosan* 39, 30.

Mehr vereinzelt ist das auftreten von *eo* aus *i*: *seotol* 19, 43. *neoþouard* 1, 5; *geonath* 8, 21. *biheonan* 13, 13. *heorotberge* 33, 12.

Erf. 1. Der vokal bleibt wie in Ep. oft ungebrochen, § 7, 1 β. belege für die brechung: *eordraestae* c 161. *geornlicet* o 48. *eornesti* s 155. *caeormad* f 11 (für *f*-). 2. vergl. § 7, 2. 3. die brechung ist selten (§ 7, 4): *beoso* f 28 (neben *bruunbesu* o 74). *trifoedur* t 124 (wol für *eo*, cf. C. 51, 34).

§ 24.

Der *i*- und palatalumlaut des kurzen *éo*.

I. Der umlaut des *eo* ist *ie*, so in: *fierst* 13 f 11. *orfiermae* 24 b 30. *georuuierdid*⁴) 26 f 14 (= *ge-or-uuierdid*). wie im gemeinae. nimmt auch in Ep. das part. *bismiridae* 12 d 14 eine sonderstellung ein, vergl. Beitr. IX pag. 292. Zeuner pag. 74.

---

1) Sweet liest *-ne*, *inminente* würde eher für *-re* sprechen.
2) zu ws. *teorjan*. Wülker liest fälschlich *tionade*.
3) hier ohne zweifel sw. fem., vergl. 432, 25. die wbb. setzen sw. masc. an.
4) *auuaerdid* 28 d 29 entspricht wol hd. *wartjan*. C. 53, 36 liest dafür *awended*.

II. 1. Vor *r* + palatal tritt der umlaut ein. die belege sind § 7, 1 α gegeben. vergl. auch § 23, 1.
2. über den palatalumlaut vor *lh* vergl. § 7, 2,
3. vor *h* + kons. § 7, 3.
C. I. Der umlaut des *eo* erscheint:
als *e* in *werdit* 35, 31. *seruuendc* 15, 31 (statt -*e*).
als *ae* in *faerret* 41, 6. *geuaerpte* 15, 22.
als *io* in -*hiorde* 9, 23. 13, 31. 38, 11.
als *i* in *gesmirwid* 17, 40. *gesuirbet* 19, 13. *firsthrof* 29, 18.
als *y* in *uyrðo* 28, 20. *georuuyrde* 51, 23.
II. vergl. § 7, 1 α. § 7, 2. 3.
Erf. I. *e: orfermae* s 140. *i: firt* l 81 (= *first*). II. vergl. § 7.

§ 25.
Das lange *éo*.

1. Der germanischem *eu*, got. *iu* entsprechende diphthong begegnet in Ep. in folgenden verschiedenen gestalten: als *io* in *criopungae* 16 f 26. *buturfliogae* 20 b 27. als *eo* in *fleotas* 3 b 5. *spreot* 28 b 9. -*um* 7 f 11. *ceol* 8 f 4. *hleor* 9 f 1. 10 f 20. *steor* 13 f 12. 19 d 14. als *aeo* in *hlaeodrindi* 12 b 7. merkwürdig ist besonders das auftreten des altertümlichen *eu*. wie ·Sievers, Beitr. IX pag. 214, § 159, 4 bemerkt, steht der diphthong in dieser form in einer reihe von wörtern, bei welchen auf german. *eu* ein *w* folgte: *treulesnis* 17 f 34. *gitreeudae* 9 d 35. *screuua?*[1]) 15 b 26. auch *mundl(eu)*[2]) 28 b 15 ist hierher zu stellen. eine ausnahme bildet *beouuas* 15 b 21, während *eu* ohne. urspr. folgendes *w* in *steupfaedacr* 28 b 35 begegnet.
2. *eo* in urspr. reduplicierenden verben: *ansueop* 2 b 11.
3. als resultat von kontraktionen ist *eo*, *io* anzusehen in: *leoma* 12 f 10. *huueolrad* 17 b 11. *snidstreo* 25 b 27. *cnioholaen* 22 d 39. *biouuyrt* 1 d 38. *flio* 1 d 9. *briosa* 1 f 7. 27 b 17. *gihiodum* 2 d 37.

Zum schluss ist noch hervorzuheben, dass sich für *eo*

---

1) Sievers a. a. o. »auch wol in *screuua*«, vergl. aber *screauua* C. 33, 22. W.-W. 122, 20. 443, 31. 477, 13.
2) später meist unkontrahiert: *mundléowé*; C. 52, 35 *mundleu*.

mehrere mal *ea* geschrieben findet, nämlich in: *-trea* 2 b 17. *uueadhoc* 23 b 28. *neuunseada* 11 f 30.'

C. 1. *hreod* 1, 9. 11, 16. 25, 15. *uueodhoc* 44, 24. *steopfaeder* 9, 10. *deortuun* 9, 35. *beodbollæ*[1]) 16, 33. *seobgendum* 17, 10. *sulesreost*[2]) 17, 20. *eorodmon* 18, 26. *þeotum* 22, 21. *steopsunu* 22, 23. *-moder* 34, 27. *hlcor* 23, 16. *werđeode* 34, 18. *steorrođor* 38, 4. *heopan* 47, 1. *aerenscreop* 48, 40. *cer das*[3]) 31, 40,. einmal vor *s*: *þeohsaex* 46, 13.

Neben *éo* erscheint nun auch *ío* = germ. *eu: gestrion* 14, 5. 36, 30. *ymbđriodung* 17, 8. *getriowad* 21, 40. *tionan* 28, 6. *heldiobul*[4]) 36, 15. *briostbiorg* 42, 8.

Was die behandlung von urspr. *eu* vor *w* angeht, so ist auch hier die von Sievers a. a. o. gemachte bemerkung bestätigt. wir finden: *getreuuade* 22, 37. *treuleasnis* 38, 17. *mundleu* 52, 35. *cuwa*[5]) 2, 12; daneben wiederum als ausnahme: *hondfulbeowcs* 31, 36 und *getriowađ* 21, 40. *eu* zeigt sich auch in *plumtreu* 40, 4. *treuteru*[6]) 8, 31 (neben *-treo* 5, 31. 47, 11. 4, 41), die vielleicht aus einem frühen **treuwu* zu erklären sind.

2. Der diphthong in den urspr. reduplicierenden verben ist *eo: auueol* 20, 4. *auueoll* 28, 14. *onreod*[7]) 28, 10. *greouue* 53, 43. *onsueop* 7, 29; dagegen steht *ae* in demselben worte 4, 24 *ansuaep*.

3. Aus kontraktion entstanden, *eo* in: *cneoribt* 2, 5. *teltreo*[8]) 13, 29. *-treo* 4, 41. 5, 31. 47, 11. *hueolrád* 36, 17. *leoma* 29, 5. *couuistras* 31, 32. *sueor* 15, 3. 53, 12. *sueoras* 53, 26 (vergl. Ep. 28 b 24 *suehoras*). *heolstr* 46, 19. *heolstras* 43, 22 (Ep. 23 f 20 *helostr* 22 f 20 *helustras*); auch in C. 49, 35 noch *gelostr*, vergl. darüber pag. 20 anm. 3); endlich in *geeode* 12, 39. *geeodun* 4, 1; *io* in: *biowyrt* 6, 17. *cnioholen* 44, 16. *obcniorisse* 41, 23. *frioleta* 53, 9. 30, 22.

---

1) = *tischgefäss*.
2) *pflugschar*, zu *sulh*.
3) für *seodas*, cf. W.-W. 441, 29. 506, 30 u. s.
4) das wort würde ws. *hell-déofol* entsprechen.
5) Ettm. 63 *eóv: vae, heu*.
6) es würde ws. *tréo-teoru* sein, Sievers, Engl. St. VIII 153.
7) cf. Beitr. IX pag. 287, § 396 a.
8) später in der form *teltre*, W.-W. 262, 25. 368, 2.

-*an* 30, 16. *hio* E. S. 6, 24. *flio* 4, 36. *niol* 26, 27 (Ep. 20 b 2 *nihol*). *briosa* 7, 20. 49, 42. in *scia*[1]) 16, 8: *biad* 6, 16 ist ws. *êo* durch *ia* vertreten.

Erf. 1. *geol* (für *ceol*) c 212. *hleor* f 77. g 49. *steor* l 82. *beoth* o 43 (für *beost*). *cborspreot* v 6. *hleodendri* i 45; *butur fliogo* p 279; verderbnis liegt vor in *staupfotar* v 32, wol auch in *flcutas* a 235. *spreutum* c 108 u. a. ursp. *eu* vor *w: getreude* f 73; *beouaes* m 89. 2. *uued* e 29 für *aueol*, vergl. C. 20, 4 (*exundavit*). 3. *leoma* i 119. *cneorissae* s 92. *suecras* v 20; *flio* a 50. *briosa* a 84. t 97. *cniolen* r 62.

§ 26.
Der *i*- und palatalumlaut des *êo*.

I. Der *i*-umlaut des germanischem *eu* entsprechenden diphthongs ist in Ep. *iu* (vergl. Sievers, Beitr. IX. pag. 214 § 159, 4). belegt sind: [*a*]*siuuid* 19 f 30. *gisiuuid* 23 b 27. *bisiuuidi* 16 f 40. *gliu* 9 b 2. *gliuuae* 12 f 3. daneben begegnet man einmal *io: anhriosith* 12 b 32, einmal *ie: hunhieri* 26 d 10 (ws. *unhýre, unhêore*).

II. Der einzige beleg, in dem ein palatal auf den diphthong folgt ist: *buturfliogae* 20 b 27.

C. I. Wie in Ep., so ist auch in C. der *i*-umlaut *iu*; belegt sind: *gesiuwide* 3, 33. *gesiuwid* 34, 11. *besiudi* 36, 8. *geþiudde* 4, 14. *gliu* 23, 43; daneben *io: gesiowed* 14, 3. *siouu* 44, 33. *glio.* 10, 24; *ie: alieset* 20, 1. *ðiendi* 27, 42, und endlich *e: ungesene* 17, 46. *gededum* 49, 29.

II. Palatalumlaut ist eingetreten in: *flege* 33, 33. 37, 31. *lehtfaet* 29, 35. daneben aber einmal *eo: þeohsaex* 46, 13.

Erf. I. Der umlaut ist *iu*: *gesiuuid* s 18. ̔*asiuuid* p 244. *bisiuuisidi* (!) o 39. *gliu* f 2. *ingluviae* (für *gliuuae*) i 112.

II. *butur fliogo* p 279.

§ 27.
eá, eó; · eâ, eô.

Von einer einwirkung eines palatales auf den folgenden vokal sind nur in unbetonter silbe spuren vorhanden (vergl. die betreffenden konsonanten). charakteristische beispiele für

---

. . 1) vergl. Beitr. IX pag. 246 (§ 277).

das unterbleiben der diphthongierung sind: *scuet* 6 d 16. *scaeptloan* f1 b 30. *bigaet* 17 b 6. *ludguet* 18 b 16. *gata loc* 27 b 31. *scabfoot* 21 b 9. *[gi]scaduuyrt* 27 b 35 etc. demgemäss darf auch der diphthong in *sceaba* 22 b 23, *uuicingsceadan* 18 b 8 nur als brechung vor dunkelem vokal angesehen werden. auch die form *gibaen* 12 b 37 hat in Ep. gewiss noch nicht die entwickelung *gefen, giefen, gifen* durchgemacht, vergl. § 64, 4. bei vorhergehendem *j* bleibt der vokal unverändert in *gerlicae* 2 f 19. *geri* 11 d 18. für einen dunkelen, auf *j* folgenden vokal fehlen leider die belege.

C. *Wicincsceadan* 39, 23. *sceaba* 44, 12. *geabuli* 4, 19 sind nach § 19, 4 zu erklären. eine einwürkung lässt sich jedoch bei *j* verspüren, wenn auf dasselbe ein dunkeler vokal folgt: *geocboga* 1, 13. *geocstecca* 35, 21. *geondsmead* 19, 23. *giululing* 42, 36, bei hellem vokal dagegen: *gerlice* 6, 6. *þysgere* 25, 37. 39.

Zu bemerken ist noch, dass C. an der bet. stelle *geben* zeigt (27, 9), *ofgefen* 18, 17, ebenso:

Erf. *geben* i 73.

B. Unbetonte vokale.

§ 28.
Die vokale in den ableitungssilben.

1. Der dunkele vokal in den ableitungssilben schwankt zwischen *o* und *u*, doch herrscht *o* um ein weniges vor (etwa $o : u = 4 : 3$). so begegnet neben *uuiloc* 6 f 34: *uuiluc* 7 d 3. *uuluc* 12 f 13, *helostr* 23 f 20: *helustras* 22 d 10, *deatlicostan* 9 f 2: *earbetlicust* 14 d 21, *geregnodae* 14 d 18. *suornodun* 7 d 27. *afulodan* 27 d 20: *aslacudae* 11 b 34. *suicudae* 24 b 29 etc.

2. Ws. *e* in ableitungssilben erscheint in Ep. gewöhnlich noch in der älteren gestalt *i*. so in den abl.-silben *-il*, *-ils* (ws. *el, els*): *rysil* 1 b 5. *aesil* 2 b 31. *haesil* 8 f 21. *sigil* 6 b 6. 9 b 26. 23 b 18. *taenil* 9 b 16. *cisil* 10 d 21. *earendil* 12 f 10. *hrisil* 22 b 19. *lebil* 26 f 26. *sprindil* 27

§ 28. ableitungssilben.

b 28; *smigilas* 7 d 29. *faecilae* 9 b 25. *aedilra* 10. f 17. *sucdilas* 12 b 4. *haecilae* 13 d 2. *stricilum* 26 f 25; *bridils* 5 f 37. *gyrdils* 13 d 3. 20 u. s. in der silbe *-in: faestin* 27 d 9. *faestinnum* 3 b 10. *tyctinnum* 12 b 15. *raedinnae* 7 f 13. 27 b 39. *sclindinnae* 27 d 3. *firgingaett* 12 f 33. *lectinadl* 26 f 34. *gladinae* 24 b 10. *lidrinae* 2 b 10. *linnin ryhae* 28 d 19; in *-ir: lediruuyrcta* 6 d 13. *tyndir* 16 b 38. *uuidir-* 12 d 18. *begir* 6 b 36. *sigirus* 13 b 35. ebenso steht *i* = ws, *e* in: *mynit* 16 b 9. *aclbitu* 17 d 17. *aenid* 1 d 28. 9 d 4. *cebisae* 18 b 20. *lytisna* 7 d 31. *hebild* 13 f 27 u. a.

3. Hierher gehören nun auch die abstracta auf *nis*, *nisse*. man hat oft das vorherrschende auftreten von *-nes*, *nesse* für *-nis*, *nisse* zu den eigentümlichkeiten des kentischen dialekts gerechnet. in Ep. findet man *-nes* überhaupt nicht, dagegen *-nis* in: *geornnis* 7 f 4. *ciisnis* 9 b 24. *frecnis* 10 f 13. *torchtnis* 13 d 5. *unnytnis* 16 b 25. *treulesnis* 17 f 34. *gycinis* 19 f 5. *geeornissae* 12 d 2. *foernissae* 12 d 8. *heardnissae* 22 d 14.

4. Adjektiva und substantiva die im ws. auf *-ig* ausgehen.

Die ws. endung *-ig* vertritt sowol ein ursprüngliches *ig* wie ein urspr. *ag*. bei den adj. ist diese vermengung auch in Ep. bereits eingetreten: *gredig* 11 f 15 (got. *grêdags*) wie *gidyrstig* 2 f 5. *uncysti*[*g*] 9 b 36. *cistigian* 14 d 22. bei den subst. scheint sich dem gegenüber ein ursprüngliches *a* noch geltend zu machen: *hunaeg* 20 d 10. 14 b 14 (ahd. *honac*). *bodęi* 24 d 10 (ahd. *potah*) und analog gebildet: *popaeg* 20 b 37.

C. 1. Auch in C. wird *u* und *o* in der ableitungssilbe promiscue gebraucht. doch herrscht hier *u* vor, vergl.: *wioluoscel* 37, 11. *uulluc* 27, 39 neben *wilocscel* 13, 40. *uuiolocas* 14, 37. *wiolocread* 13, 37. *wioloc* 15, 45; *meottucas* 30, 10 neben *mettocas* 43, 8. *meottoc* 51, 28; *eburdring* 36, 22. *eoburthrote* 15, 9 neben *ebordrote* 45, 35. *coforþrote* 2, 9. *eobor* 6, 15; *sadulboga* 11, 17. *sadulfelge* 39, 6 neben *sadol* 46, 20.

2. *-el*, *-els* ist das vorherrschende, doch begegnet noch häufig *il*, *ils*: *cetil* 10, 15. 11, 35. 19, 22. *wibil* 11, 28. *hyrpil* 16, 7. *lebil* 31, 27. *emil* 16, 19. 25, 10. *gnidil* 40, 3. *windil* 10, 17. *cisilstan* 24, 27. *haecile* 29, 9. 36, 35. *unaedilsa* 24, 44. *þaecctigilum* 26, 8. *gyrdilshringe* 30, 1. 24. *gyr-*

dilsbrocc 30, 42. vergl. taenil 22, 5 neben stictencl 22, 9; in wechselt mit en, ersteres überwiegt: facstin 6, 43. faestinnum 7, 18. mcremcnin 47, 7. cmbrin 9, 18. cymin 13, 17. cocrin 16, 37. tyndrin 28, 38. liþrinc 7, 21. cylinc 22, 43. raedinne 8, 12. 50, 3 (neben raedcnne 14, 24); r hat verdunkelnden einfluss auf i geübt. es begegnet mit einer ausnahme, midhridir 26, 6, nur er: 1, 12. 6, 7. 7, 9. 8, 14. 18. 9, 37. 10, 12. 11, 14. 26, 12. 28, 39 und sonst.

3. Es erscheint nur -nis, nisse: 5, 29. 10, 35. 15, 18. 16, 15. 20, 5. 24, 31. 30, 27. 30, 41. 34, 33. 35, 13. 38, 17. 41, 30; 6, 42. 15, 29. 27, 14. 28, 7. 43, 40. 48, 7 u. ö.

4. Urspr. ag liegt zu grunde in romei 10, 31 (W.-W. 362, 12 hrumig), daneben aber gredig 26, 11; auf ig beruhen: cystig 17, 35. -an 33, 14. scyldig 35, 19. gedyrstig 7, 38. drochtig 38, 40; ohne konsequenz begegnet: bodeg 47, 35. popæg 16, 17. 40, 26. popei 37, 41 neben hunigsuge 30, 12. hunigaeppel 37, 36.

§ 29.

Der vokal in gewissen praefixen.

1. ge-, gi-. das im ws. als ge erscheinende praefix lautet in Ep. in der mehrzahl der fälle (40 mal) gi, einmal steht gy, 14 mal ge.

gi steht 1 d 17. 2 d 37. f 5. 22. 27. 6 b 31. f 15. 7 d 12. 15. 26. 32. 35. 37. 8 d 26. 9 d 35. 12 b 17. 31. d 12. 22. 24. 25. f 12. 13 f 9. 30. 16 f 21. 17 b 4. 7. f 33. 38. 18 b 11. 25. d 1. 19 d 5. 21 f 14. 22 b 26. d 3. 23 b 27. d 14. 27 b 35. 28 d 27; gy in gybyrdid 8 d 36.

2. bi-. bisceredae 2 d 34. binumni 2 f 30. binumini 2 f. 32. bismiridae 12 d 14. bisuicend 28. bituicn 29. bibitnae 14 d 15. bisiuuidi 16 f 40. bigaet 17 b 6. birednae 20 b 3. biginan 27 d 7. bc kommt nicht vor.

3. fer-, for-, fore-. fer- ferhergęnd 10 d 37. feruuaenid 12 d 32. fcruuit 7 f 4. faer- faerscribacn 2 b 34. for- forslaegęn 20 b 24. forsleginum 18 b 19. forac- foraeuuallum 22 d 16.

4. to-, ti-. tohald 2 f 21. neben dem altertümlichen tislog 7 d 23. der schreiber der vorlage von Erf. hat für

§ 29. praefixe.

das ihm schon unverständliche praefix *gi* gesetzt, Erf. c 85 *gislog*, C. 14, 11 hat *toslog*.

    5. *á-*. *utathrungaen* 7 b 7. *arectae* d 36. *afigaen* 9 b 37 u. s. w. die betonte form *ǽ*, oder besser *ê*, begegnet nicht.

    6. *an-, and-*. *and-* steht nur in *andleac* 22 d 15. sonst *an-*, cf. § 1, 2 α.

    C. 1. Ueber 150 mal begegnet *ge-*, dagegen *gi-* nur in *gibrec* 54, 14.

    2. *bi-* ist belegt in: 3, 1. 41. 13, 13. 17, 1. 25, 43. 20, 6. 27, 18. 29. 30. 32, 31. 36, 8. 9. 35, 6. 41, 34. 51, 35. *be* kommt nicht vor.

    3. *færtyhted* 13, 24; sonst *for:* 3, 34. 5, 25. 15, 13. 17, 15.' 17, 24. 16, 34. 24, 41. 27, 32. 6. 28, 36. 35, 6. 11. 36, 4. 41, 35. 8. 44, 1; *fore-* steht in: *forenyme* 42, 7. *forewyrde* 5, 43. *foreuuallum* 44,. 8.

    4. nur *to-* findet sich.

    5. neben dem unbetonten *á-* begegnnt auch *ê-* in: *emod* 5, 30. *egylt* 20, 36. *esuind* 27, 15. *ecambe* 48, 30.

    6. *andwisnis* 20, 5. *andmitta* 20, 20; *an* in: *ansuacp* 4, 24. *anfindo* 17, 25. *anscungendi* 6, 13. *ansceat* 20, 18, sonst *on-* vergl. § 1, 2.

… Kapitel 2.

Konsonantismus.

A. Die halbvokale.

§ 30. *w*.

Das engl. *w* wird in den Ep. gl. durch *uu*, *u* und die rune *wên* widergegeben. Die bemerkung Sievers', gr. § 171, anm. 1, dass in den ältesten quellen die rune *wên* fehle, ist unbegründet [1]). Ep. zeigt dieselbe in folgenden wörtern: *westsuþwind* 5 d 25. *eastnorþwind* 6 d 34. *windil* 7 b 1. *sperwi* 19 b 32. [*wand* 27 b 15]. *wiuwindae* 28 b 21. *edwalla* 33. *waeffsas* 37.

U steht gewöhnlich, doch nicht ausschliesslich (*huuer* 13 b 14. *huuitquidu* 15 b 31. *huuanan* 28 d 34. *suualuae* 20 d 8. *duuergaedostae* 11), in den verbindungen *cw*, *hw*, *dw*, *thw*, *tw*, *sw*, ferner in dem falle, wo dem *w* ein *u* folgt: *uusend* 6 d 27. *uulfes* 7 d 6. *uṇdubil* 9 d 29. *uuluc* 12 f 13. *sinuurbul* 27 d 26. *uurmillae* 16 f 16. *auundun* 12 b 5. *-en* 26 d 27. *auundre* 28 b 7. folgt jedoch *w* dem *u* derart, dass *w* zur nächsten silbe gehört, so setzt der schreiber anstandslos drei *u* nebeneinander: *speruuuyrt* 28 d 14. *uuiduuuindaea* 20; für das spätere ws. *cw* setzt der schreiber *qu*, so in: *quiquae* 10 d 34. *huuitquidu* 15 b 31. *quatern* 21 f 23.

---

1) Auch die vorlage von Erf. hat dieselbe gekannt. das geht offenbar daraus hervor, dass der schreiber zuweilen *p* für *w* setzt: *pindil* c 26. *prouod* l 11 (entsprechend Ep. 13 b 19. C. 29, 37) für *wód* auch *pucod* f 89 steht für *wuood* = *wód* (cf. C. 16, 44), Ep. hat *poot* 9 f 13 pag. 27 anm. 4.

aqueorna 23 f 33. [*q*]*uicae* 28 d 26; nur einmal daneben *cu: cuicbeam* 8 f 23.

1. W findet sich im anlaut vor allen vokalen: *uaar* 2 b 28. *uueg* 2 f 16. *uu*[*i*]*ldae* 2 f 26. *uuoþ* 13 b 19. *uurmillae* 16 f 16. *uuyrdae* 18 d 17; in den verbindungen *wr, wl: uuraec* 2 f 12. 15. *uulanclicae* 3 b 15; und in *cw, hw, dw, thw, tw, sw: quiquae* 10 d 34. *cuicbeam* 8 f 23. *hualb* 7 b 32. *duolma* 7 d 2. *thuelan* 28 b 22. *betuicn* 12 d 29.

2. *w* im inlaut. besonders hervorzuheben sind die fälle, wo inlautendem *w* ein *u* folgt. erhalten ist *w* in diesem falle in *thrauu* 2 b 35 = ws. *þréa*, C. 6, 39 *thrauuo*. natürlich wird man nicht annehmen dürfen, dass erst in der zeit nach Ep. C. die entwickelung von *đrawu* zu *đrêa* (vergl. Paul, Beitr. VII 167. Sievers, gr. § 111. § 260 anm.) stattgefunden habe, es wird vielmehr in der zeit der Ep. gl. eine form *đrêa* neben *đrawu* bestanden haben wie im ws. *cléa* neben *cláwu*. nach langem *a* ist *w* erhalten in dem eben berührten *clauuo* 1 f 9. dagegen ist ein *w* vor *u* ausgefallen in *resung* 7 d 13 (zu ws. *réswjan*) und *getreeudae* 9 d 35.

Vor andern vokalen ist *w* erhalten in: *pauua* 20 d 1 (ws. auch *péa* aus *pavo*). *crauuae* 8 f 26. *lauuercae* 27 b 14, dagegen geschwunden in *bismiridae* 12 d 14 (zu **smeorw-*). *earendil* 12 f 10 (cf. altnord. *örvandill*).

3. Im auslaut ist *w* geschwunden. *a*) nach kurzem vokal wird es zu *u* und verschmilzt mit demselben: -*treo* 25 b 27. -*trea* 2 b 17. *cnioholaen* 22 d 39. *gliu* 9 b 2. *β*) nach konsonanten erscheint es vokalisiert: *teru* 16 b 23. 22 b 29. *γ*) nach langem vokal wird es von diesem absorbiert: *a* 12 d 7. *sae* 17 f 36. *sli* 27 b 16. *treulesnis* 17 f 34. *mundl*(*eu*) 28 b 15. eine ausnahme bildet *iuu* 27 b 6. von der in C. häufigen vokalisation des *w* scheint auch in Ep. eine spur vorhanden zu sein. denn *men* (*laris*) 14 b 8 ist ohne zweifel verschrieben für *meu* = ws. *méw*, vergl. C. 24, 7 *me*[*a*]*u*, 29, 25 *larus meau*, ferner *larus meu* W.-W. 432, 9, endlich auch Steinmeyer und Sievers, ahd. gll. I 342, 48. 340, 15. Ueber den einfluss des *w* auf den folg. vokal vgl. § 15, 3.

C. stimmt in der schreibart des *w*-lautes mit Ep. überein. auch hier wird *w* nach kons. im anlaut meist durch *u* ausgedrückt und die schreibung *uuu* gemieden, wenn nicht *u* und *w*, wie in *uuduuuinde* 53, 34 verschiedenen silben zugehören. einfaches *u* wird aber auch sonst für *w* gebraucht: *uyrdo* 28, 20. *laurice* 29, 14. *uearte* 8, 40. *spearua* 49, 8. die rune *wên* ist sehr häufig. für ws. *cw* ist die schreibung *cu* weniger selten als in Ep.: *cualmstou* 1, 2. *cuicbeam* 10, 39. *utcualm* 28, 28. *ofercuom* 35, 17. *forcuom* 35, 6. *edcuide* 43, 28, doch ist *qu* noch im übergewicht: *quedol* 18, 7. *-e* 18, 8. *quice* 24, 40. *quida* 32, 7. *quatern* 42, 31. *aqualdun* 34, 13. *quicae* 53, 35. *aqueorna* E. S. 45, 30.

1. Ein urspr. *w* ist gefallen in *suhterga* 23, 7. auch das fehlen des *w* in *seotol* 19, 43. *asundun* 18, 1. *sur* 47, 21 (*sueor* 15, 3. 53, 12. 26) darf nicht auf schreibfehler zurückgeführt werden. nach *c* ist *w* gefallen in *huitcudu* 32, 4 (Ep. 15 b 31), dagegen erhalten in *forcuom* 35, 6. *ofercuom* 17.

2. Vor *o*, *u* findet sich *w* in: *thrauuo* 6, 39. *sarwo* 4, 11. *clauuo* 7, 6. *siouu* 44, 33. *seorwum* 14, 40. ausgefallen ist inlautendes *w* in *resunge* 43, 35. *resigan* 36, 6. *earendel* 28, 43; *bisiudi* 36, 8. *bismiride* 27, 18 (*gesmirwid* 17, 40), *gierende* 50, 9 (*gegeruuid* 41, 1).

3. α) *treu* 8, 31. 40, 4. *treo* 47, 11. *cnioholen* 44, 16. β) *smeoro* 44, 26. *-u* 46, 27. 54, 16. *teoru* 24, 36. *geolu* 24, 18 u. s. γ) nach langem vokal ist das *w* teilweise geschwunden: *aforht* 27, 13 (= *â forth*). *saegeseotu* 40, 38. *sli* 51, 1. *mundleu* 15, 11. 52, 35. *treuleasnis* 38, 17, teilweise (nach *â* und *ô*) zu *u* vokalisiert: *gleaunisse* 6, 42. *gleu* 44, 28 (ws. *glêaw*). *heardheau* 13, 9. *meau* 5, 16. 24, 7. 29, 25. *gedraune* 43, 29; *ceapstou* 14, 5. *cualmstou* 1, 2; dagegen erhalten in: *iuu* 49, 38.

§ 31.
Der halbvokal *j*.

Die gewöhnliche bezeichnung des *j* ist *g*, seltener ist dasselbe durch *i* widergegeben. es steht: 1) im anlaut: *gerlicae* 2 f 19. *geri* 11 d 18. *gecilae* 25 b 8, dafür ist anlautend *i* gesetzt in *iesca* 25 b 12. 2) im inlaut: *ferhergęnd* 10 d 37. *tilgendum* 2 f 2. *uuellyrgae* 25 b 23; entwickelung eines folgenden *i* ist zu constatieren in *gesuirgion* 7 f 19. *gundaesuelgiae* 25 b 30. als *i* begegnet der halbvokal inlautend in: *uuidirhliniendae* 12 d 18. *berię* 2 d 13. *styria* 20 b 16.

3) endlich findet sich $g = j$ zweimal im auslaut gebraucht, in *brüg* 19 b 13. *tüg* 15 d 9, beides jastämme mit erhaltenem *j*, vergl. Sievers, gr. § 247, anm. 3.

C. 1. Ueber die entwickelung eines steigenden diphthongs nach *j* in betonter silbe ist § 27 gehandelt worden. anlautendes $g = j$ tritt auf in: *gescaslaet* 46, 38. *gesca* 50, 19. 47, 8. *gerlice* 6, 6. *þysgere* 25, 37. 39. *gecilae* 48, 24; *i* dagegen in: *iecessurae* 11, 9 und *iesen* 20, 24 (vergl. W.-W. 231, 39. 393, 11. 521, 33).

2. Auch im inlaut ist *j* gewöhnlich durch *g* ausgedrückt, im sw. v.: *tilgendum* 4, 3. *anscungendi* 6, 13. *wergendi* 16, 41 *dobgendi* 17, 2. *onhlingo* 28, 18. *geongendi* 36, 26. *widerhlingende* 27, 21. *forhergend* 24, 41; sonst: -*berge* 19, 32. 33, 12. 25, 26. 19, 9. *walcyrge* 19, 44. *pirge* 39, 33. *gundesuilge* 46, 31. im sw. v. trifft man auch das im ws. so häufige *ig*: *stouuigan* 43, 12. *resigan* 36, 6. *suidigad* 22, 22; *gi* begegnet in *hergiung* 21, 4, einfaches *i* in *drouuio* 39, 11 [*meniu*] 18, 3. *styria* 16, 13 (neben *styrga* 40, 19).

3. Zu den Ep. entsprechenden *tüg* 32, 10. *brüg* 42, 17 gesellt sich noch *gig* 24, 37 (vergl. Beitr. IX pag. 203).

B. Die liquidae.

§ 32. *r*.

Der gebrauch der liquide *r* stimmt mit dem ws. überein. beachtung verdient das auftreten derselben in *isęrn*, -*iscrn* 1 f 5. 5 f 24. 8 d 35. 23 b 20 (vergl. Beitr. IX pag. 223. § 205). sehr oft erscheint silbenbildendes *r*: *spaldr* 2 b 36. *atr* 6 b 32. *cefr* d 7. *bebr* 9 b 3. *librlaeppan* 9 b 23. *riftr* 9 d 29. *hofr* 10 d 18. *tetr* 11 f 25. 19 b 2. f 22. *otr* 13 d 27. *apuldr* 15 b 6. *scalfr* 15 b 24. d 6. *helostr* 23 f 20. *ofr* 27 d 25. *libr* 28 b 17. *cortr* d 9. die gemination entspricht german. *rr*: *pearroc* 8 d 29. *ferred* 18 b 12. *sifunsterri* 18 d 12. *cearrucae* 25 b 22. unorganisch ist das *r* in *leactrocas* aus lat. *lactuca* 8 f 34.

Verhältnismässig oft tritt metathesis des *r* auf, so in -*aęrn* 27 d 6, in dem sich dieselbe in allen dialekten gänzlich festgesetzt hat, ferner in *spyrng* 7 b 6 (neben *spryng*

19 f 22). *horsthegn* 15 b 35. *byrst* 23 f 27 ; ferner in *lerb* 23 f 2 (ws. *læfer*). *cisirbeam* 8 f 22 (*cerasus*). *tyndirm* 13 b 7 (C. 28, 38. Erf. i 121 : *tyndirn*).

Auffällig ist das *r* in *sprindil* (*tenticum*) 27 b 28 für *spindil*. sollte ein schreibfehler vorliegen, so müsste derselbe bis auf die gemeinsame quelle von Ep. Erf. C. zurückgehen, da auch C 50, 26 *sprindel*, Erf. t 108 *sprindil* hat.

C. Wie in Ep. erscheint das hd. *eisen* in der gestalt *isern* 22, 2. 40. 52, 25. erhalten ist *r* auch in *spraec* 44, 29. *spræc* 46, 33. *feluspreci* 51, 30. silbenbildendes *r* begegnet häufig: *palstr* 14, 29. 16, 28. *heolstr* 46, 19. *gelostr* 49, 35. *caebestr* 11, 6 (*capistrum*). *fingrdoccana* 18, 5. *elotr* 19, 8. *fothr* 19, 17. *bebr* 22, 4. *librlaeppan* 22, 10. *obr* 31, 29. *feđrhoman* 50, 7. *rođr* 51, 12. *caebrtuun* 52, 38. *corthr* 53, 4. *libr* 53, 24. *haebrn* 11, 8; gemination in: *suansteorra* 53, 16. *sibunsterri* 40, 5. *cearricgge* 46, 30. *barriggae* 8, 32. *bisparrade* 36, 9. *faerred* 41, 6. *weorras* 11, 30. *onhliorrouuit* 4, 9. einfaches *r* für *rr* findet sich in *pearuc* 13, 27. *barice* 9, 40 (wechselnd mit *barriggae* 8, 32). im auslaut tritt vereinfachung der gemination ein: *heor* 12, 8. *fear* 50, 8.

Metathesis des *r* ist eine vielfach auftretende erscheinung: *forst* 24, 16. *cornoch*[1]) 25, 2. *cornuc* 25, 3. *burne* 29, 27. *forsc* 31, 14. *horsđegn* 33, 24. *horshiordas* 38, 11. *dorsos* E. S. 7, 32 (für *dros*). *gehyrsti*[2]) 21, 32. *horn* 8, 19. *horn* (?) 1, 8; *þrop* 15, 8. *thothr* 39, 28. zu beachten ist auch *bres* 31, 7 (barsch); über *walcrigge, lauricae* cf. § 9, 3 u. anm.

§ 33. *l.*

L erscheint wie im ws. im an-, in- und auslaut. es vermag für sich eine silbe zu bilden: · *snegl* 15 b 28. *aepl* 20 d 10. *scofl* 27 b 25. 28 b 28. *lectinadl* 26 f 34. *genicldae* 17 b 1. die gemination des *l* kann sowol german. sein wie in *bolla* 8 f 19. 25 b 19, oder auch auf konsonantumlaut beruhen: *anuuillicae* 18 b 28. belegt ist *ll* noch in: *galluc* 10 d 36. *sinfullae* 20 b 29. *foraeuuallum* 22 d 16. *suollaen* 27 b 19. *edwalla* 28 b 33. *ellaen* 23 f 1. *uuellyrgae* 25 b 23.

---

1) ahd. *kranuh*, cf. Ælfr. gr. gl. 307, 3.
2) *phalerata*, hd. *rüsten*, vergl. *hryste* 21, 31.

cunillae 8 f 33. *mencscillingas* 13 b 37. *gillistrae* 21 b 35; im auslaut wird *ll* stäts vereinfacht: *uuilucscel* 7 d 3. *handful* 15 b 21. *snel* 2 f 1.

Uebereinstimmend mit dem ws. ist metathese des *l* in der urspr. endung *-isl* eingetreten: *bridils* 5 f 37. *gyrdils* 13 d 3, und so wird wol auch *gyrdislrhingae* 13 d 20 für *gyrdilshringae* verschrieben sein (vergl. Sievers, Beitr. IX pag. 215 (§ 183)). dagegen ist die erhaltung der urspr. stellung des *l* zu bemerken in *innifli* 11 f 29, wo das ws. *inelfe* setzt, vergl. W.-W. 292, 19. 293, 4. 476, 12. 272, 14. 484, 5.

C. L ist häufig silbenbildend: *obersegl* 7, 4. *seglbosm* 11, 42. *wefll* 13, 23. *uuefl* 37, 23. 50, 39. *gislhada* 35, 15. *naegl* 37, 21. *wibl* 37, 22. *wedl* 38, 38. *sueglhorn* 44, 37. *sueflsueart* 49, 20. *lebl* 51, 26. *gloedscofl* 52, 21. *netl* 3, 30. *dhuehl* 17, 5.

Gemination begegnet in *foreuuallum* 44, 8. *bisuicfalle* 17, 1. *beodbollæ* 16, 33. *asuollen* 52, 15. *sinfulle* 19, 29. 37, 32. *muusfalle* 33, 19. *eduuaelle* 51, 15. 5, 19. *edwelle* 22, 45. *scillingas* 30, 40. *dille* 50, 11. 13. *billeru*[1]) 9, 15. *kylle* 7, 25. *anuuillice* 38, 27. *fylled* 2, 4. *cerfelle* 12, 42. *scellum* E. S. 15, 10; durch zusammenrückung ist *ll* in [*ellende*] 4, 22 entstanden. im auslaut wird die gemination vereinfacht: *syl* 8, 27. *-scel* 13, 40. 15, 44. 18, 36. 37, 11. [*snel* 21, 6]. *cnol*[2]) 29, 1. *uul* 29, 30. *widerstal* 35, 9. *stal* 48, 10. *fel* 39, 16. *heldiobul* 36, 15. *spelbodan* 19. *auueol* 20, 4; nur einmal daneben *auueoll* 28, 14.

Was die metathesis des *l* angeht, so ist zu erwähnen, dass *innifli* 26, 25 wie in Ep. in der alten gestalt auftritt, während die auf *-isl* der metathese unterworfen sind: *gyrdils-* 30, 1. 24. 42. *bridels* 8, 13; besonders hervorgehoben zu werden verdient aber die umstellung des *l* in: *lenctinald* 50, 24. *weardseld* 20, 43.

§ 34.
Der nasal *m*.

M kann an allen stellen des wortes stehen, nur vor *f*,

---

1) Vergl. W.-W. 271, 14. 359, 14.
2) *jugum, gebirgskamm.*

s, *đ* fällt es nach gemeinae. lautgesetze. Ep. bietet dafür einen beleg in *oslae* 15 d 13; in *trimsas* 2 b 10. *hramsa* 2 d 3. 4. ist die erhaltung des nasals dadurch zu erklären, dass ursprünglich zwischen *m* und *s* ein vokal sich befand. silbenbildend ist *m* in *ethm* 2 f 14. *uuorsm* 19 d 7 (später gewöhnlich in der form *worms*). geminiert erscheint *m* in *giuuaemmid* 12 d 22 und *suamm* 9 d 14..

C. Belege für den ausfall des *m* vor spiranten sind *oslæ* 32, 27 und *softe* 46, 29, für silbenbildendes *m: aethm* 5, 11. *faeđm* 37, 34. *seglbosm* 11, 42. *ouuaestm* 49, 6. geminiertes *m* begegnet in *acrummen* 21, 26. *đorhsuimmađ* 52, 1. *himming* 38, 41. *ungeuuemmid* 27, 24. *gremman* 29, 36. *fremmendum* 41, 20. im auslaut wird dasselbe vereinfacht: *suom* 23, 32. *wom* 17, 43.

§. 35.

Der nasal *n*.

1) Schon im german. schwindet *n* vor *h*. demgemäss findet man in Ep.: *toch* 13 d 19. 14 b 13. *tholicae* 28 b 25. *thohae* 1 b 8. *throh* 22 d 24. im englischen fällt aber *n* auch vor den tonlosen spiranten *s*, *f*, *đ*, wofür Ep. die folgenden belege aufweist: *goos* 5 d 24. *lithircadae* 17 f 30. *suithae* 21 f 15. 16. -*suþ* 5 d 25. -*sud* 9 f 38. 2) entsprechend seinem liquiden charakter erscheint *n* oft silbenbildend: *holegn* 2 b 15. *thegn* f 29. 15 b 35. *stegn* 7 f 7. *molegn* 10 f 15. 32. *hraebn* 16 b 15. 18. *sigbeacn* 26 f 19. *bitui[c]n* 12 d 29. 3) die gemination des *n* beruht entweder auf altem *nn* wie in -*pannae* 1 b 22. 19 d 23. *uuannan* 13 d 8, oder auf konsonantumlaut: *raedinnae* 7 f 13. -*ae* 27 b 39. *tyctin[n]um* 12 b 15. *faestinnum* 3 b 10. *sclindinnae* 27 d 3, oder endlich auf blosser zusammenrückung: *geornnis* 7 f 4. *gecornnissae* 12 d 2. im auslaut wird die gemination vereinfacht: *faestin* 27 d 9. *thyctin* 13 d 13. *haen* 17 b 20. 4) metathese des *n* findet sich nur in *seng* 13 b 30 für *segn*, cf. Sievers, Beitr. IX pag. 216.

C. 1) Die belege für den ausfall des *h* sind § 13, 3 angegeben worden (nur vorgerm. -*anh* ist belegt). schwund des *n* vor *s*, *f*, *đ* zeigen: *goos* 6, 8. 12, 37. 24, 12. 15. *oestful* 54, 23. *suiđe* 18, 9. *suiđigađ* 22, 22. *suiđfromlice* 34, 4.

obersuido 53, 42. gesidas 35, 4. hridhiorde 9, 23. todum 49, 31. sooth 23, 38. oddaet 18, 31. suđ- etc. 3, 4. 7. 4, 25. 26. 21, 20. uduuta 39, 20. cydenne 28, 32.   2) silbenbildend: ebnwege 4, 21. regnwyrm 31, 9. lybsn 35, 10. sigebecn 51, 25. seign 52, 37. waegn 53, 14. stebn 54, 26. ausfall eines solchen n ist zu konstatieren in geeblicadun 42, 32.   3) ursprüngliche gemination ist im auslaut stäts vereinfacht: byden 1, 6. tyhten 29, 40. meremenin¹) 47, 7.   4) auch in C. begegnet einmal umstellung von gn: moling 24, 4.

C. Labiale.

§ 36. p.

P bezeichnet in den Ep. gl. nicht nur die labiale tenuis, sondern auch (vor t und s) die tonlose labiodentale spirans, vergl. § 38.

Anlautendes p ist im ae. selten.   In Ep. begegnet es in: staebplegan 13 d 9. paad 19 d 13. -pannae 1 b 22. 19 d 23. 23 b 23. pearroc 8 d 29. palester 8 d 33. pic 20 b 33. popaeg 20 b 37. pauua 20, d 1. plumae 20 b 35. im inlaut findet es sich in uuapul 9 f 17. caempan 10 f 19 u. s., auch verdoppelt: stappa 5 f 26. uppae 12 f 9. saeppae 2 b 18. für auslautendes p, das in felduuop 6 b 3. naep 16 d 12. cosp 19 b 3 u. s. auftritt, steht einmal b: thebscib 14 f 20.

C. Bei der grossen zahl von fremdwörtern, die in C. begegnen gehört anlautendes p nicht zu den seltenheiten. wir finden es in: plaega 36, 38. staefplagan 31, 1. paat 12, 16. paad 41, 25. 42, 12. -ponne 7, 3. 11, 37. 37, 13. 44, 22. 51, 37. palstr 14, 29. 16, 28. popæg 16, 17. 40, 26. popei 37, 41. piose 30, 7. piosan 39, 30. pisanhosa 47, 10. pung 11, 20. pearuc 13, 27. pauua 37, 33. pund 41, 38. pundur 38, 36. pirge 39, 33. pic 39, 37. piic 3, 13. plumæ 41, 36. plumtreu 40, 4.

---

1) Vergl. W.-W. 277, 28. 506, 5. *meremægden ist, soviel ich sehe, im ae. nicht belegt und es scheint fast, als ob das me. mermeiden etc. nur auf volksetymologischer deutung des obigen ae. wortes beruht.

Im inlaut kommt *p* auch geminiert vor: *goodaeppel* 13, 19. *hunig-* 37, 36. *librlaeppan* 22, 10. *stoppa* 9, 19. *steppescoh* 49, 34. *cleppetende* 11, 41. *yppe* 27, 37.

§ 37. *b.*

B hat in Ep. und C. sowol die geltung der labialen media als auch die bedeutung der tönenden und selbst tonlosen labiodentalen spirans, vergl. § 38. die labiale media steht gewöhnlich nur im anlaut, im inlaut und auslaut nur geminiert: *ribbae* 7 d 7; *goduuebb* 9 f 4. *lybb* 17 b 13. *unsibb* 23 f 19, oder in der verbindung *mb*: *ambras* 6 f 35. 24 b 14. 28 d 11. *hymblicae* 7 d 8. *ambechtae* 7 d 10. *ambect* 22 d 8; *camb* 20 b 38. *ymbhringendum* 24 b 24. im auslaut ist *b* für *bb* geschrieben in *uueb* 27 b 29. 33. *ncb* 22 d 1.

C. Durch konsonantenumlaut geminiert ist *b* in: *megsibbe* 4, 27. *unsibbade*[1]) 17, 3. *ribbe* 10, 26. 13, 10. *bebbi* 51, 24. *goduucbbe* 51, 19. *suebbo* 47, 24. *onsuebbad* 46, 32, im auslaut *webb* 50, 28, sonst ist die gemination im auslaut vereinfacht: *lyblaccan* 11, 38. *lybcorn* 12, 22. 13, 1. *rib* 15, 35. *unsib* 46, 17. 47, 14. *uueb* etc. 21, 10. 50, 12. 50, 27. 30, 29. im übrigen begegnet die labiale media im in- und auslaut nur in *mb*: *amber* 54, 28. *-ras* 10, 16. *omber* 47, 2. *embrin* 9, 18. *ccambc* 48, 30; *ymb-* 5, 28. 17, 8. 48, 20. *tomb* 19, 26. *camb* 39, 7. 10, 25. einmal steht dafür im auslaut *mp*: *crump* 35, 8.

§ 38. *f.*

Für die tonlose labiodentale spirans werden in Ep. C. die konsonanten *f, b, p* gebraucht, für tönendes *f* entweder *b* oder *f*.

1. Tonlose spirans bezeichnet *f* α) im anlaut. dafür ist nie *p* oder *b* verwendet: *fyrpannae* 1 b 22. *faag* 2 d 5. *finc* 9 d 9. *foot* 21 f 24 u. s. β) im inlaut in der gemination: *maffa* 17 d 23. *waeffsas*[2]) 28 b 37, und in den ver-

---

1) *desidebat* = *dissidebat*.
2) merkwürdiger weise mit verschobenem *p*, lat. *vespa*. auch C. hat: *wæfs* 16„ 9. 21, 42, während im späteren ae. stäts *wæps, wæsp* begegnet; ne. *wasp*, dial. *wups*.

bindungen *ft* und *fs*, für die sich auch die schreibungen *pt*, *ps* (*bt*, *bs*) finden: *reftras* 1 d 8. *siftit* 7 f 16. *nift* 18 b 6. *rift* 20 b 5. 27 b 34; *sceptloum* 3 b 1. *scaeptloan* 11 b 30. *edscaept* 19 d 18. *gidopta* 7 d 12. *araepsid* 12 b 13 (neben *raefsed* 12 d 1 und *raebsid* 12 b 35); ausser dem eben erwähnten beispiel ist kein beleg für *bt*, *bs* vorhanden, denn *obtt* 9 d 6 (ws. *ofet*) und *obst* 18 b 33 (ws. *ôfost*) gehören nicht hierher.

2. Die tönende spirans wird gewöhnlich durch *b* ausgedrückt. sie steht α) zwischen vokalen im inlaut *sceabas* 1 f 10. 10 d 38. 22 b 23. *faerscribaen* 2 b 34. *sibaed* 2 d 28. *gaebuli* 3 b 30. *clibecti* 6 f 21. *obaer-* 7 d 18. 22. *ober-* 12 d 20. *gabutan*[1]) 18 f 25, ferner in 11 d 35. 12 b 37. 13 f 28. 14 f 13. 30. 16 b 34. 17 f 32. 18 b 20. 22 d 40. 24 b 18. d 3. 26 f 26. 28 b 9. 20; verhältnismässig selten ist *f* in diesem falle gebraucht: *giroefan* 7 d 26. 8 d 26. *ofaer* 12 d 17. *sifunsterri* 18 d 12. *fifaldae* 19 b 22. *stefad* 21 d 15. in *nabfogar* 27 b 12 steht sogar *bf* für den tönenden spiranten. β) zwischen vokal und tönendem konsonanten oder *d*. auch hier überwiegt die schreibung *b* bei weitem: *teblae* 1 b 36. *teblcre* 1 b 37. *halbae* 2 b 33. *hraebreblctae* 5 f 28. *bcbr* 9 b 3. *carbetlicust* 14 d 21. *gilebdae* 28 d 27, ferner in: 7 b 16. 9 b 23. 14 f 15. 16 b 15. 18. 17 d 17. 21 f 24. 22 d 3. 24 b 3. 27 d 26. 28 b 17, daneben *f* in *scaldthyflas* 2 d 2. *staefnendra* 2 d 36. *cefr* 6 d 7. *hofr* 10 d 18, ferner in 7 d 6. 11 f 29. 27 b 25. 28 b 28. 28 d 22. 27 d 25. γ) zwischen tönenden konsonanten: *scalfr* 15 b 24. d 6.

In *siuida* 9 d 15 scheint *u* für tönendes *f* zu stehen.

3. Auslautend herrscht *b* durchaus vor: *staebplegan* 13 d 9. *thebscib* 14 f 20. *uuaelreab* 15 b 14. *geormantlab* 32. *gloob* 14 f 24. *scabfoot* 21 b 9. *hualb* 7 b 32. *salb* 15 b 2. *lerb* 23 f 2 (ws. *lafcr*); dagegen steht *f* in: *uuf* 6 b 34. d 30. *hrof* 14 b 3. 26 f 27.

---

1) Sweet hält das wort nicht für ae. (Acad. April 26, 1884). doch beweist allein die glosse W.-W. 280, 23: *parabsidis gabote*, dass wir es mit einem ae. sw. fem. zu *tun* haben (*b* im anlaut für *f* begegnet auch sonst im Glossar VIII bei W.-W. vergl. *hweorban* 265, 15). C. 37, 5 hat ausnahmsweise *u* für tönendes *f*: *gauutan*.

58 Konsonantismus.

C. 1. Geminiertes *f* ist allein belegt in: *maffa* 36, 1. durch zusammenrückung entstanden ist die gemination in *scaffoot* 37, 37, während in *fiffalde* 37, 8 eine falsche anbildung der ersten silbe an *fif* = *fimf* das doppelte *f* veranlasst haben könnte. das tonlose *f* in den verbindungen *ft*, *fs* ist meist wie im ws. geschrieben: *gepofta* 1, 3. 13, 44. *siftid* 16, 2. *wefta* 17, 6. *waefs* 16, 9. 21, 42, ferner 37, 12. 46, 29. 5, 31. 16, 2. 41, 5. 29, 28. 37, 29. 21, 17. 27, 5. 7. 10. daneben begegnet *pt*, *ps: scaeptloan* 25, 13. *sceptloum* 5, 37. *geuaerpte* 15, 22. *raepsung* 26, 34, *bt* in: *cneoribt* 2, 5. *lybt* 49, 25.

2. Tönendes *f* im inlaut ist in der mehrzahl der fälle (76 mal) durch *b* ausgedrückt 2, 11. 3, 12. 4, 19. 21. 34. 35. 42. 7, 4. 11, 6. 8 etc. aber auch durch *f* (31 mal)*:* 2, 9. 3, 34. 4, 15. 5, 2. 13, 23. 14, 28 etc. *u* = *f* in *gauutan* 37, 5.

3. Auch im auslaut vertritt *b* die stelle von ws. *f: staeb* 35, 38. 20, 12. *asuab* 20, 31. *scraeb* 32, 32. *unlab* 40, 27. *slebscoh* 47, 22. *obgibeht* 16, 40. *obdaenit* 32, 14. *obcniorisse* 41, 23. *tyrb* 12, 38. *huerb* 53, 13; daneben aber auch *f: halfclungni* 46, 25. *caelf* 54, 6. 7. *ofgefen* 18, 17.

D. Dentale.

§ 39. *t.*

T hat in Ep. und C. die geltung der dentalen tenuis und der interdentalen spirans (§ 41). der gebrauch des *t* in ersterer bedeutung stimmt durchaus mit dem ws. überein. gemination zeigt sich inlautend in: *gisettae* 7 d 15. 12 d 24. *onettae* 17 b 15. *brocdaettende* 18 b 7. *maettoc* 27 b 3. *mettocas* 13 b 20. f 1. 22 d 29. *nyttum* 2 f 18. *borẹt[t]it* 28·d 30. *agnaettae* 28 d 35, im auslaut: *grytt* 20 b 36 und auffälliger weise in *firgingaett* 12 f 33. *obtt* 9 d 6; vereinfacht ist die gemination auslautend in *scaet* 6 d 16.

C. Geminiert begegnet *t* in: *catte* 21, 45. *cottuc* 32, 5. *meottoc* 51, 28. *meottucas* 30, 10. *mettocas* 43, 8. *onettad* 4, 31. *andmitta* 20, 20. *grunnettan* 25, 5. *fordytte* 35, 11. *moette*

35, 29. *settan* 36, 39. *ge-* 27, 26. *ongensette* 35, 12. *borettið* 54, 9. *agnette* 54, 33. *brogdetteð* 53, 37. im auslaut ist *tt* vereinfacht *scæt* 9, 21, in unbetonter silbe erscheint einfaches *t* für die gemination: *brogdetende* 11, 41. 36, 32. über *t* im auslaut für *d* vergl. den folgenden §.

§ 40. *d*.

D steht für ws. *d* und *ð*. der gebrauch der media weicht in Ep. sowol wie in C. im wesentlichen nur in einem punkte ab. in den verbindungen *lþ, þl* hat sich nämlich zuweilen die spirans, welche im ws. in *d* übergeht, erhalten: *naedlae* 19 f 30. *spilth* 18 b 30. *haldi* 18 b 29. *ohaeldi* 21 d 16, ebenso darf ohne weiteres: *laempihalt* 13 f 4. *scytihalt* 16 f 23 hieher gestellt werden, da wol auslautendes *t* in Ep. zuweilen für *ð*, nicht aber für *d* steht (anders in C., § 41). demgemäss wird auch *tohald* 2 f 21. *haldae* 22 d 7 hieher gehören. dass auch in *uuildae* 2 f 26 (got. *wilþeis*), *lectinadl* 26 f 34, *fifaldae* 19 b 22 (zu got. *falþan*). *felduuop* 6 b 3 (got. **filþ*) *d* für *ð* steht, darf demnach kaum bezweifelt werden.

Gemination findet sich in *unaseddae* 12 d 23. *treddun* 18 b 24; *bedd* 8 f 29, mit vereinfachung *bed* 25 b 25. sie beruht auf ursprünglichem *dj*.

C. Sichere belege für die erhaltung des urspr. *lþ, þl* sind: *spilth* 38, 28. *wedl* 38, 38. *feltha* 45, 17 (also auch *feld-* 45, 16. 9, 34). *midlum* 44, 30. bei dem häufigen auftreten des *t* im auslaut für *ð* und dem verhältnismässig seltenen erscheinen von *t* für *d* ist es beinahe gewiss, dass auch in *scultheta* 20, 26. *lemphalt* 31, 6 *t* die bedeutung von *ð* hat. ebenso wird *d* in *ohældi* 39, 15. *haldi* 38, 25 (vergl. Ep.). *hald* 12, 41 kaum etwas anderes bezeichnen. doch wage ich nicht zu entscheiden, ob dem auch bei *haehsedlum* 42, 1. *weardseld* 20, 43 so ist, in denen *d* einem ws. *t* entspricht, vergl. Sievers, Beitr. IX zu § 202, 1.

T für ws. *d* steht auch in *arytrid*[1]) 20, 16, ferner einige male im auslaut: *haelsent* 20, 33. *sint* 49, 32. *gemengetlic* 38, 26. *raefsit* 27, 7, einmal für *dd*: *geuuetfaestae*[2])

---
1) vergl. W.-W. 393, 4. 231, 24. ferner C. 20, 46.
2) vergl. W.-W. 509, 32. 529, 11.

49, 10. umgekehrt sollte man *t* für *d* erwarten in *ræfsde* 27, 5. *d* in *gidsung* 6, 20 kennt auch das ws., vergl. Cosijn § 70. geminiert ist *d* in *geddi* 19, 6. *raedda* 44, 18 (*dd* in den sw. v. 1b cf. § 50), im auslaut vereinfacht in: *bed* 16, 16. 48, 4.

§ 41. đ.

Die interdentale spirans wird in Ep. auf sechs verschiedene arten ausgedrückt, in der mehrzahl der fälle (gegen 70 mal) durch *th*, 19 mal durch *þ*: 5 d 25. 6 d 34. 12 d 10. 24. 13 b 19. f 18. 14 b 12. f 16. 18 b 11. 16. 33. d 8. 14. 21 f 17. 18. 27 d 2. 28 d 31, 8 mal durch *đ*: 15 b 38. 17 b 7. 9. 18 b 29. 19 f 30. 21 d 16. 27 d 5. ausser den im vorigen § behandelten fällen begegnet *d = đ* noch gegen 30 mal und zwar meist im inlaut: 1 d 17. 2 b 10. 6 b 9. 6 d 13. 7 f 3. 9 d 15. 29. 10 f 17. 12 b 4. 7. 33. d 18. 13 f 31. 18 b 5. 8. 22 d 25. 23 f 16. 25 b 26. 27. 26 f 14. 30. 27 d 5. 28 f 21, aber auch im anlaut *gidopta* 7 d 12. *dislum* 27 d 13 und auslaut *cordrestae* 8 b 26. *uuestsuduuind* 9 f 38. *uueard* 18 b 10. *hraed* 18 b 17 (?). *t* hat die bedeutung der interdentalen spirans meist im auslaut: *siftit* 7 f 16 *feormat* 9 b 11. *þoot* 9 f 13. *suggit* 10 b 30. *carbetlicust* 14 d 21. *faehit* 19 d 27. *tychtit* 24 b 33. *stridit* 28 d 24. *borettit* 28 d 30. im anlaut nur in *trimsas*[1]) 2 b 10, im inlaut *faetmaendi* 24 b 38. endlich begegnet einmal *dh*: *fordh* 12 d 7. beachtenswert ist die form *mid* 19 f 30 = ws. *mid*. in *cyniuuithan* 22 d 27 steht *th* für die gemination.

C. Das gewöhnliche zeichen für die interdentale spirans ist in C. *đ*. es findet sich etwa 200 mal. daneben wird, ungefähr gleich oft (gegen 50 mal) *þ* und *th* gebraucht. alle drei zeichen stehen ohne unterschied im an-, in- und auslaut. für auslautendes *đ* steht sehr häufig einfaches *t*: 4, 9. 12, 16. 15, 13. 15. 42. 17, 18. 33. 44. 20, 1. 22, 31. 36. 23, 42. 28, 21. 29, 29. 41. 33, 2. 35, 13. 31. 39, 26. 46, 38. 49, 19. 27. 51, 38, im inlaut in *netl* 3, 30 (vergl. *nethle* 39,

---

1) vorausgesetzt, dass dieses wort mit dem ws. *þrims* identisch ist. es ist nämlich zu beachten, dass in Ep. und C. 7, 21 nur in diesem wort anlautendes *t* für *d* steht und dass das spätere *þrims* femininum ist, vergl. Platt, Anglia VI 171.

35), im anlaut: *trymsas* 7, 21 (?). seltener ist *d* für die spirans. es findet sich inlautend: 3, 4. 18, 7. 8. 50, 12. 28, 11. 29, 23. 20, 44. und auslautend 1, 5. 4, 31. 9, 13. 19, 2. 20, 27. 10, 30. 23, 36. 41, 6; 13, 33 (?). 38, 23 (?), vergl. auch die § 40 bei *lþ* behandelten wörter. — *dh* für *d* in *dhuehl* 17, 5 sieht mehr wie ein schreibfehler aus.

Auch C. hat *mid* 39, 35 für ws. *mid..* beachtung verdient auch *edcuide* 43, 28, vergl. darüber Sievers, Beitr. IX pag. 222, § 202. *cynewiddan* 43, 41 zeigt gemination.

§ 42. *s.*

S weicht in seinem gebrauche vom ws. nicht ab. es steht im anlaut in den verbindungen *sc*, *sl*, *sm*, *sn*, *sp*, *st*, *sw*: *scamu* 18 b 2. *forslaegen* 20 b 24. *smael* 10 f 12. *snel* 2 f 1. *spora* 8 d 34. *steeli* 2 b 30. *suan* 16 f 41. einfaches *s* steht an allen stellen des wortes. gemination erscheint inlautend in: *tuuncressa* 16 b 21. *cressae* 24 b 6. *cneorissae* 23 f 22 und in den wörtern auf *-nis* im cas. obl., vergl. § 28, 3. in allen diesen fällen geht *ss* auf *sj* zurück. auslautend ist die gemination vereinfacht: *haegtis* 23 f 35 und die auf *-nis*, ebenso in *ses* 27 b 24, in dem *ss* auf ursprünglicher verbindung von dental $+$ *t* beruht. für *hs* (*cs*) wird *x* gesetzt: *aex* 1 d 10. *leax* 12 f 11.

C. Geminiertes *s*, dem man im inlaut in *-cressa* 33, 39. E. S. 9, 39; 47, 3. *obsniorisse* 41, 23. *haehtisse* 19, 45. *ascussum* (?) 16, 5 und im obl. derer auf *-nis* begegnet, wird im auslaut vereinfacht: *haehtis* 23, 39. *haegtis* 48, 18. [19, 33]. *saes* 51, 31, so auch in den fem. auf *-nis*, § 28, 3. die verbindung *hs* (*cs*) ist in C. durch *x* ausgedrückt: *box* 10, 1. *saex* 16, 31. *aexfaru* 6, 22. *blodsaex* 22, 33. *faex* 23, 28. *waexcondel* 23, 37. *waegneþixl* 6, 44. *laex* 28, 37. *adexe* 29, 24. *wrixlindum* 43, 27. *uurixlende* E. S. 43, 34. *þeohsaex* 46, 13. *waexit* 49, 19. *þixlum* 50, 30, entstellt ist *braadlastæcus* 18, 21 (= *æx*).

Metathesis des *s* ist eingetreten in *hlysnende* 4, 5. 7, 16. *thrustfel* 9, 6 entspricht got. *þrútsfill*.

§ 43. z.

Ueber *z* im ae. vergl. Sievers, Beitr. IX § 205, p. 222. *Z* kommt nur einmal in C. vor: *mertze* 32, 25 (aus lat. *mercem* mit der mlat. aussprache des *c*).

E. Gutturale und Palatale.

§ 44. Allgemeines.

C, *g* und *h* dienen sowol zur bezeichnung des gutturalen wie des palatalen lautes. der palatal macht sich zuweilen durch die diphthongierung folgender vokale geltend. in Ep. und C. ist im anlaut von einer solchen würkung nichts zu verspüren (§ 27), wol aber im inlaut. die diphthongbildung tritt besonders dann ein, wenn auf den palatalen laut ursprünglich ein *j* folgte. Ep. hat dafür folgende belege: *gimaengiungiae* 7 d 35. *mengio* 15 b 36. *leceas* 18 b 21. *byrg[e]a* 24 b 13. 19 d 6; aber auch bei urspr. einfachem guttural tritt in Ep. diphthongierung ein: *gimaengiungiae* 7 d 35. *birciae* 19 f 25. *hringiae* 9 b 31 (neben *-rhingae* 13 d 20). *cistigian* 14 d 22. *scinlaeċqan* 16 b 28.

C. zeigt nur im ersteren falle und nur vereinzelt diese einwürkung: *gemengiunge* 14, 17. *hnaeggiung* 25, 33. *gethingio* 6, 24. *gescincio* 20, 45. *recceo* 5, 21. *arecio* 20, 42. *fraetgengian* 6, 19.

Ueber den einfluss von *c*, *g*, *h* auf die vorhergehenden vokale ist in den §§ 20 II, 22 II, 24 II, 26 II gesprochen worden.

§ 45. c.

Ueber *qu* = *cw* vergl. § 30; *c* = *ch*, *h* § 47; *c* für *g* § 46.

Die gemination des *c* kann entweder ursprünglich oder durch konsonantumlaut entstanden sein. urspr. *cc* begegnet in: *loccas* 1 f 8. *hreacca* 17 b 29. *snecca* d 29. *styccimelum* 18 b 26. *flicci* 19 d 4. 20 b 10 (in letzterem bsp. verschrieben *flicii*), urspr. *cj* in: *cladersticca* 3 f 2. im auslaut ist die gemination erhalten: *bucc* 5 f 22. *brocc* 27 b 9.

sooc 24 d 37 (für *socc*). *crycc* 13 d 1; *scicing* 8 f 32 zeigt in späteren belegen stäts gemination des inlautenden *c*, C. hat *sicging* 11, 3. C. Zur darstellung der gutturalen tenuis wird zweimal *k* verwendet: *kylle* 7, 25. *kaeliđ* 27, 43. Einige male hat sich in die verbindung *sl* ein unorganisches *c* eingeschoben, nämlich in: *sclat* 12, 20. *asclaecadun* 18, 11. *asclacade* 25, 22 (aber: *slaece* 19, 5. *slaec* 43, 17). Geminiert erscheint *c* in: *loccas* 34, 2. 5, 41. 13, 15. *fingrdoccana* 18, 5. *wraeccan* 20, 40. *styccimelum* 38, 12. *flicci* 38, 34. *hrećca* 35, 26. *speccan* 34, 25. *olectendra* 38, 3 (für *oleccendra*), im auslaut *brocc* 49, 40. *hocc* 32, 5, vereinfacht in *cryc* 30, 20. unberechtigt ist die gemination in *reccileas* 41, 17.

Ch für *c* steht in *challes?* 5, 18. *cornoch* 25, 2, welches mit *cornuc* 25, 3 wechselt. für späteres *cc* begegnet *cg* in *sicging* 11, 3. lateinischem *c* entspricht *g* in *leactrogas* 14, 35 (*lactuca*, Ep. 8 f 34 *leactrocas*).

§ 46. *g*.

G dient sowol zur bezeichnung des halbvokals *j* als auch der gutturalen bezw. palatalen media und spirans. die letztere ist häufig im anlaut. im inlaut ist sie in einigen fällen vor *d*, *l*, *n* gefallen, vor *d* in: *faedun* 19 f 33 (= *fêgdon*, vergl. § 14). *stridae* 23 f 18 (für ws. *stregde*, § 9), vor *l* in: *snel*[1]) 14 b 9 (ws. *snægl*). *strel* 1 b 39 (C. 8, 1 *streal*), vor *n* in: *cnioholaen* 22 d 39. indessen ist die erhaltung des *g* doch das gebräuchlichere *holegn* 2 b 15. *molegn* 10 f 15. 32. *thegn* 2 f 29. 15 b 35. *geregnodae* 14 d 18. *finugl* 9 f 37. *eglae* 10 f 6. *snegl*, *-as* 15 b 28. 8 b 17. und sogar *sigdi* 9 d 29, für das das ws. nur die form *side* kennt.

G statt *c* sollte man erwarten in *hraecli* 2 f 8. *brocdaettendi* 18 b 7. Auslautendes *g* nach langen vokalen geht nicht in *h* über: *faag* 2 d 5. 19 f 35. 24 b 15. 26 d 24. *boog* 2 d 11. *croog* 13 d 25. *tislog* 7 d 23. *huaeg* 25 b 39. 26 b 22. *suoeg* 9 f 16. *leag* 13 f 6. *beag* 6 d 11. auch nach

---

1) *limax*, vergl. dem entgegen was Sievers gr. § 214, 3 (schluss) bemerkt.

r, *l* bleibt es gewöhnlich erhalten: *uueargrod* 9 b 28. *duerg* 16 d 6. *burg-* 18 d 9 [14 d 21]. *orsorg* 27 b 38. *baelg* 10 b 21. *tylg* 18 b 18, doch begegnet einmal *maerh* 13 f 3. ob *aehrian* 21 f 12 als verschrieben für *aehnan* (= *aegnan*, C. 38, 10. 42, 33) zu denken ist, ist unsicher. über *faehit* 19 d 27 vergl. § 14.

Was die für den kent. dialekt charakteristische vokalisierung von silbenauslautendem *g* betrifft, so hat Ep. dafür nur zwei belege: *grei* 10 f 11. *bodęi* 24 d 10, meist bleibt das *g* bewahrt.

Die gemination des *g* wird im Ep. glőssar stäts durch *gg* ausgedrückt: *earuuigga* 2 b 25. *sugga* 9 d 8. *suggit* 10 b 30. sie ist im auslaut erhalten: *segg* 10 d 27. 19 d 16. 25 b 20. *mygg* 24 b 5.

C. Ausfall eines inlautenden *g* findet zuweilen statt, wenn dasselbe zwischen vokalen stand: *iil* 19, 39. 25, 32. *siras* 30, 39, oder wenn auf dasselbe *d*, *đ*, *n* oder *l* folgt: *gehydnis* 36, 7. *siđe* 21, 17. *ongensette* 35, 12. *cnioholen* 44, 16. *finulae* E. S. 22, 15. übergang in *h* ist selten. *haehtis* 23, 39. *haehtisse* 19, 45 begegnet neben *haegtis* 48, 18 [19, 33]; *mœrh* 31, 5 neben *merg* 32, 29. C. hat wie Ep. *faehit* 39, 26, vergl. § 14. für auslautendes *g* erscheint einige male *c*: *duerc* 50, 17, nach *n* in: *uulatunc* 33, 36. *wicincsceađan* 39, 23. *cg* nach *n* vertritt die stelle von einfachem *c* in *oncgseta* 42, 18.

Die vokalisation des *g* hat weiter um sich gegriffen als in Ep.; eine vorstufe zu derselben ist die entwickelung eines *i* vor dem *g*: *meig* 13, 36. *greig* 21, 33. *seign* 52, 37. geschwunden ist das *g* in: *-grei* 22, 2. 24, 19. 32. *eil* 33, 10. *streide* 48, 15. *papei* 37, 41. *romei* 10, 31 (§ 15, 2 α). nicht hieher gehört *deid* 19, 1, das nur = ws. *dǽd* sein kann. daneben gehen in der mehrzahl der belege ganz unveränderte formen einher: *segn* 47, 13. *bodeg* 47, 35. *egle* 24, 25. *uueg* 53, 23. *waegn* 53, 14. *popœg* 16, 17. 40, 26 etc.

Die gemination, welche bis auf einen fall: *sugga* 22, 15 (Beitr. IX pag. 226, § 215) durch konsonantumlaut entstanden ist, wird durch *gg*, *cg* und *cgg* dargestellt: *carwicga* 7, 33. *asaecgan* 18, 40. *secg* 11, 1. *secggescere* 13, 6. *saecg* 24, 28. *seeg* 45, 5 für *secg*. *waecg* 16, 32. *ecg* E. S. 3, 13. *brycg*

40, 29; *mygg* 16, 23. 45, 33. *hnaeggiung* 25, 33. *barriggae* 8, 32 (*barice* 9, 40); *cgg* in *cearricggc* 46, 30.

§ 47. *h.*

1.. Anlautendes *h* bezeichnet den einfachen hauch. dies beweisen einerseits die im verhältnis nicht seltenen fälle, in denen an den anfang des wortes ohne berechtigung ein *h* gesetzt ist, andrerseits der wegfall eines organ. anlautenden *h.* die belege für die erstere erscheinung sind: *hynnilaec* 2 d 6 (C. 7, 23 *ynnelaec*). *ham* 6 f 26 (C. 10, 22 *aam*). *gihiodum* 2 d 37 (= ws. *geêodon*). *hsniuuith*•16 b 8. anlautendes *h* ist zuweilen gefallen in der verbindung *hr: rysil* 1 b 5 [*risaendi*] 9 d 33. *sceldreda* 26 f 30 (ws. *scildhreoda*), und in der gruppe *hw: sinuurbul* 27 d 26. aber selbst vor blossem vokal fehlt das anlautende *h* in: *aesil* 2 b 31 (neben *haesil* 8 f 21). *ofr* 27 d 25 (neben *hofr* 10 d 18). im allgemeinen bleibt indessen *h* im anlaut bestehen, auch in *hr, hn, hl, hw:* 2 b 23. f 8. 9 b 8. 10 f 4. 12 b 32. 13 d 20 etc. 1 d 26. 13 f 5. 16 b 11; 9 f 1. 10 f 20. 12 b 7. d 18 etc. 2 b 37. 13 b 14. f 29. 15 b 31. 17 b 9. 11 etc.

2. Im gegensatz zum gemeinaltenglischen ist *h* zwischen vokalen noch oft erhalten: *thohae* 1 b 8 (ws. *þô*, got. *þáhó*). *scyhend* 15. b 30. *suchoras* •28 b 24 (ws. *swêor*, hd. *swehur*). *uulohum* 28 b 31 (ws. *wlôum, wlôm*). *ryhae* 28 d 18. 19 (cf. ws. *rêo* sw. fem.). *nihol* 20 b 2 (ws. *neowol, neolnis*). doch bietet Ep. auch beispiele, in denen inlautendes *h* zwischen vokalen ausgefallen ist: *ryae* 27 b 23. *chyae* 8 f 25 (vielleicht verschrieben für *cyhae*). *sceptloum* 3 b 1. *scaeptloan* 11 b 30. *thuelan* 28 b 22 (ahd. *dwahilla*). inlautendes *h* nach kons. findet sich in *furhum* 23 b 22 (dat: plur. zu *furh*, ws. *furum*). *durher-e* 24 b 16. *-i* 28 b 12. ausfall eines *h* hat stattgefunden in *dislum* 27 d 13 (*dislum* für *dihslum, dixlum*; ahd. *dihsala*).

Die verbindung *ht* wird in Ep. durch *ct* widergegeben: *frictrung* 1 d 4. *nectigalae* 16 b 15. 22 b 27. *ambect* 22 d 8. *torctendi* 12 d 27, ferner in 1 f 6. 2 f 10. 12 b 8. 15. 19. 13 d 13. 6 d 13. 26 f 27. 6 f 21. 7 d 36. 8 f 34. 12 b 36. 17 f 31. 18 b 11. 21 d 14. 22 d 11. 24 b 23. neben *ct* tritt *cht* auf: *ambechtae* 7 d 10. *naechthracbn* 16 b 15. 18.

tyc[h]tit 24 b 33. *torchtnis* 13 d 5. *sochtae* 18 b 31 *cn* mit der bedeutung *hn* steht in *betui[c]n* 12 d 29, vergl. Sievers, Miscellen zu § 222, 2. § 328.

3. Im auslaut wird *h* α) durch *ch*, β) durch *h*, γ) einmal durch *gh* ausgedrückt. α) *elch* 8 f 11. 26 f 37. *salch* 23 d 33. *þorch* 18 b 33. d 8; *flach* 12 b 12. *gimach* 31. *toch* 13 d 19. 14 b 13. *slachthorn* 16 b 14. *thruu[c]h* 26 f 36. β) *uualhmorae* 19. f 28. *sceolhegi* 26 b 15. *horh* 9 b 35. *maerh* 13 f 3. *þorh* 18 b 16. *fuerh* 20 b 18. *thuerhfyri* 23 b 12. *fleah* 20 b 23. *throh* 22 d 24. γ) *slaghthorn* 25 b 11.

Gemination ist durch einfaches *ch* widergegeben, sie begegnet in: *crocha* 6 f 36. *scocha* 13. d 13.

Ueber *hs* = *x* vergl. § 42.

C. 1. Unorganisches *h* im anlaut ist nur in *horn* 1, 8, falls dasselbe für ws. *arn*, *carn* steht, belegt.

Anlautendes *h* hat sich vor vokalen immer, in den verbindungen *hr*, *hl*, *hn*, *hw* mit wenigen ausnahmen erhalten. die letzteren sind: *risende* 22, 16 (vgl. W.-W. 238, 32. 403, 19). *deadraegelum* 37, 6. *arytrid* 20, 16. *arydid* (?) 20, 46 (vergl. W.-W. 393, 4). *romei* 10, 31. *rysel* 8, 7.

2. Inlautendes *h* ist noch zuweilen bewahrt: α) zwischen vokalen: *muha* 3, 10. *tahae* 5, 23. *raha* 11, 33. *slahae* 39, 19. *fahame* 40, 28. 42, 21. *nihold* 41, 32. β) zwischen vokal und konsonant: *durhere* 49, 12. *dhuehl* 17, 5. *-þixl* 6, 44. *-um* 50, 30. *bituihn* 32, 31. meist ist es jedoch geschwunden. α) *sueor* 15, 3. 53, 12. *-as* 53, 26* (vergl. Ep.). *syend* 32, 3 (dgl.). *thuelan* 53, 25. *rye* 53, 31. 33. *sud* 20, 27 (*sêon* = *sihan*). *forsliet* 28, 16. *scaeptloan* 25, 13. 5, 37. *scoere* 49, 26. *uuloum* 53, 27. *waeterdrum* 11, 2. β) *sulesreost* 17, 20 (zu *sulh*). *furum* 45, 13. *maere* 21, 41.

Die verbindung *ht* wird in den meisten fällen wie im ws. geschrieben: 6, 35. 10; 12. 13, 24. 16, 38. 17, 34. 26, 40. 15, 16. 17. 18, 34. 19, 14. 15. 21, 1 etc., daneben begegnet noch häufig *ct*: *naect-* 31, 13. 44, 3. 25, 34. *tyctende* 3, 35. *-i* 26, 29. *torctendi* 27, 28. *ambaect* 43, 5. *cionecti* 43, 37. *flycticlad* 13, 32. *leactrogas* 14, 35. auch *cht* kommt vor: *oembecht* 13, 42. *braechtme* 48, 21. *gelaechtnad* 25, 38.

3. Ausfall eines auslautenden *h* ist zu konstatieren in *healecus* 7, 13 und *tolice* 25, 42 (*tohlice* 54, 32). die ansicht

Sievers' (Beitr. IX pag. 231, §· 242), dass *holh* (ne. subst. *hole*) in der älteren sprache die allein übliche nominativform des substantivs sei, bestätigt C. nicht, vergl. *hool (uorago)* 54, 21. *hol (spiramentum)* 48, 5 (vergl. § 53). auch Ep. hat *hool* 28 b 39.

Das zeichen für auslautendes *h* ist mit dem ws.· übereinstimmend, vergl. *scoh* 11, 24. 13, 25. 49, 34. 47, 22. *uuloh* 54, 4. *flæh* 42, 20. *toh* 29, 39. 30, 6. *þorh* 38, 21. 22. 30. 31. 33. *faerh* 40, 21. *midferh* 29, 3. *horh* 22, 25. *salh* 44, 27. *uualhwyrt* 26, 42, doch begegnet nach vokal zweimal *gh: thegh* 15, 7. *slaghđorn* 34, 17 (*slahđorn* 48, 3), einmal gar *gch: misthagch* 17, 31; nach konsonant *ch* in: *walchhabuc* 25, 24. *elch* 51, 36.

Geminiert erscheint *h* in *crohha* 31, 10.

Kapitel 3.

Flexionslehre.

I. Konjugation.

§ 48.
Die endungen.

Ind. praes. sg. 1 pers. -*u*, nur einmal belegt: *groetu* 7 f 10. 3 pers. gewöhnlich -*ith* (*id, it, iþ*) bei den st. verben und den sw. verben der ersten klasse: *anhriosith* 12 b 32. *milcip* 14 f 16. *scripithacn* (!) 23 f 28; *gracmid* 13 d 14. *gifracmith* 17 f 33. *caelith* 12 f 34; *teblith* 7 b 16. *siftit* f 16. *hsniuuith* 16 b 8. *faehit* 19 d 27. *stridit* 28 d 24. *borẹt[t]id* 28 d 30.; einmal begegnet dafür -*ed* in: *ferred* (*proscribit*) 18 b 12. die sw. verben der 2. kl. haben *ath*: *ginath* 6 d 6. *aecta[t]h* 21 d 14. *feormat* 9 b 11.

Für die 2 ps. sg. und den plur. fehlen die belege.

Praeteritum st. v. unbelegt ist die 1. und 2. pers. die dritte person ohne endung. plur. -*un*: *naamun* 3 b 17. *auundun* 12 b 5. *scribun* 17 f 32; *smitor* 9 d 38 steht für *smiton*. sw. v. sg. (die 2. pers. unbelegt): -*dae* 2 d 34. f 16. 12 d 25. 16 f 21. 23 f 18. 12 d 14. 7 f 3. 11 b 34. 17 f 30. 24 b 29. 14 d 18, vergl. § 50. plur. -*dun: treddun*[1]) 18 b 24. *faedun* 19 f 33. *maestun* 24 b 27. *suornodun* -7 d 27; *gihiodum* 2 d 37 steht für *giiodun*.

---

1) Wenn man dem facsimile trauen darf, so steht diese form, nicht *treddan*, wie Sweet liest, im ms.

I. Konjugation. § 48. endungen. 69

Part. praes. *-aend-, -end-, -ind-: strimaendi* 16 f 24. *berendae* 19 f 15. *soęrgęndi* 2 f 3. *restaendum* 9 f 11. *cinaendi* 11 d 19. *taecnaendi* 12 d 27. *ganaendae* 16 f 4. *gistaebnęnprae* 22 d 3. *faetmaendi* 24 b 38; *-end: [aduinendanan]* 27 d 20. *brocdaettendi* 18 b 7. *heruuendlicae* 7 d 9. *obaerstaelendi* 18. *haetendae* 7 f 1. *uuraestendi* 11 f 14. *baedendrae* 12 d 21. *torctendi* 27. *uuoendendi* 13 d 7. *naetendnae* 18 b 27. *ymbhringendum* 24 b 24. *fultemendi* 2 d 35. *-um* f 20; *-ind: hlaeodrindi* 12 b 7; die substantivierten part. praes. haben im nom. keine endung: *tyctaend* 12 b 8. *bisuicend* d 28. *scyhend* 15 b 30. die endung der verba der 2. sw. kl. ist: *-gend, -iend: tilgendum* 2 f 2. *uuidirhliniendae* 12 d 18 und ohne flex.-endung: *ferhergęnd* 10 d 37.

Part. praet. Ueber die part. der sw. v. vergl. § 50. die st. verben haben die endung *-aen*, auch bei antretender flexionsendung: *anslegaengrae* 12 d 15, daneben *-en: auunden* 26 d 27. *unofaercumenrae* 12 d 17, wenn vokalisch anlautende casusendung hinzutritt auch *-in: binumini* 2 f 32. *forsleginum* 18 b 19, gewöhnlich wird in letzterem falle aber synkopiert: *ginumni* 2 f 27. *binumni* 30. *githuornae* 13 f 30. *halbclungni* 24 b 28. *asuundnan* 27 d 20. *bibitnae* 14 d 15. *birednae* 20 b 3.

Für die übrigen zeiten und modi fehlen die belege.

C. Ind. praes. sg. 1. pers. *-u: scriopu* 46, 9. *wrotu* 49, 23. *blondu* 28, 19. *sciru* E. S. 18, 5. *groctu* 14, 21. *fyrdru* 42, 9. *siouu* 44, 33; *-o: frigno* 14, 9. *anfindo* 17, 25. *suto* 29, 17. *suebbo* 47, 24. *gefyrdro* 17, 42. *groeto* 32, 26. *tyhto* 47, 30. *recceo* 5, 21. *-jo* in der 2. sw. kl.: *onhlingo* 28, 18; *drouuio* 39, 11. *fraefeleo* 12, 18. einmal erscheint als endung *a: doema* 12, 27 (*censeo*), einmal *e: scaebe* 40, 23 (*poleo*). 2. pers. *ondest* 47, 31. *geheresthu* 25, 19. 3. pers. *-ith: lisit* 29, 41. *scripid* 45, 25. *stilith* 15, 40. *milcit* 33, 2. 26. *tocinit* 17, 18. *midid* 17, 45. *siid* 20, 27. *ascufid* 41, 15. *waexit* 49, 19. *geraedit* 17, 33; *gremid* 29, 10. *gefremid* 40, 36. *styrid* 33, 7. *geuuendit* 51, 38. *faehit* 39, 26. *siftid* 16, 2. *adytid* 19, 12. *gehnaegith* 48, 34. *styntid* 25, 28. *atynid* 20, 19. *uuegid* 21, 43. *sicetit* 46, 38. *borettid* 54, 9. *tetridit* E. S. 17, 18; *eth: forgrindet* 15, 13. *gesuirbet* 19, 13. *aliesct* 20, 1; *wereth* 3, 3. *ablended* 49, 5. *tyhted* 47, 26. *tableth* 13, 38.

menget 15, 15. suenceth 17, 4. broedeth 22, 36. wyrged 48, 31. brogdetted 53, 37; einmal æt: hospetæt 49, 27. in obgibeht 16, 40 (zu bêgan) ist der vokal der endung geschwunden, nachdem sich *g* in *h* gewandelt hatte (vergl. faehit 39, 26). die sw. verba der 2. klasse haben die endung *ath* in der 3. pers. aehtað 39, 13. gionath 23, 42. sueðrað 21, 25. glitinat 22, 31. wunat 28, 21. weagat 29, 29. uúitnath 33, 28. smorað 48, 31. feormat 22, 36. plur. st. v. teldat 15, 42. ðorhsuimmað 52, 1. flitat 17, 44. sw. v. 1. onsuebbað 46, 32. sw. v. 2. kl. suiðigað scheint imperativ zu sein, figite 22, 22.

Praeteritum. starke v. sg. 1. und 3. pers. ohne endung. geuuatu 15, 26 ist verschrieben für geunat. 2. sg. unbelegt. plur. *-un*: tredun 41, 11. nomun 7, 40. asundun 18, 1. spunnun 43, 32. þrungun 51, 20. wundun 26, 28. scribun 40, 35; *-on*: towuorpon 16, 44. smiton 23, 35. sw. verba. sg. 1. und 3. pers. *-de*, 2. pers. ohne beleg. plur. *-dun*: aracddun 20, 11. faedun 37, 28. wroegdun 17, 17. aracfndun 20, 37; suornadun 14, 13. asclaecadun 18, 11. geeblicadun 42, 32. tioludun 39, 10; arehtun 21, 1; *-don*: tyhton 28, 35. haelsadon 8, 3. gegaedradon 14, 7.

Conj. praeter. 3. pers. ist greouue (uiresceret) 53, 43.

Part. praes. Die endung ist durchgängig *-end-*. dass der vokal in derselben früher ein tieferer war, beweist die brechung des vokals der vorhergehenden silbe in: aetweosendre 26, 20. beorende 19, 24. die casusendung fehlt in scyend 32, 3. haelsent 20, 33. forhergend 24, 41.

Part. praet. Die sw. v. werden § 50 behandelt werden. St. v. die endung ist *-en*, nur in afigaen 23, 10. abundæn 19, 46 die in Ep. gewöhnliche endung; dem einfluss des vorhergehenden vokals ist es zuzuschreiben, wenn sich *o* zeigt in geborone 20, 8. getogone 48, 32. bei voraufgehender langer silbe wird der vokal synkopiert, wenn eine vokalisch anlautende endung hinzukommt: birednæ 41, 34. toworpne 16, 45. gedraune 43, 29; bei vorhergehender kurzer silbe bleibt der vokal erhalten, so in den genannten 20, 8. 48, 32, ferner in getogenum 48, 23. forslaegenum 41, 8. gebinumini 3, 41. binumine 3, 1. gedaebeni 17, 13, dagegen ist der vokal gefallen in bibitne 32, 40.

Inf. Die endung der st. v. und sw. v. 1. kl. ist *-an*:

I. Konjugation. § 49. starke verba. 71

17, 29. 19, 3. 21, 2. 29, 36. 36, 39. 41, 21; die der sw. v. 2. kl. -*igan: resigan* 36, 6. *stouuigan* 43, 12. flektierter infinitiv ist vertreten durch: *to aseodenne* 20, 44 und *to gelestunne* 15, 24.

§ 49.
Die starken verba.

In Ep. sind folgende st. verba belegt:

klasse 1a. screpan praes. 3. sg. *scripithaen* 23 f 28.
        uurecan praet. sg. *uuraec* 2 f 15, 27 b 2.
        uuesan „ „ *uuaes* 12 b 35. 37.
        bi-getan „ „ *bigaet* 17 b 6.
        geban part. praet. *gibaen* 12 b 37.
kl. 1b. beran part. praes. *berendae* 19 f 15.
        striman (?) „ „ *strimaendi* 16 f 24 (vergl. miscellen § 390).
        niman, bi- praet. plur. *naamun* 3 b 17.
        part. praet. *ginumni* 2 f 27. *binumni* 30. *binumini* 32.
        thueran „ „ *githuornae* 13 f 30 (vergl. misc. § 390).
kl. 1c. α) melcan praes. *milcip* 14 f 16 (misc. § 387).
        â-selcan (?) part. praet. *asolcaen* 12 d 9.
        suellan „ „ *suollaen* 27 b 19.
        β) uueorthan praet. sg. *uueárd* 18 b 10.
        γ) ût-â-thringan part. praet. *utathru[n]gaen* 7 b 7.
        clingan „ „ *halbclungni* 24 b 28.
        â-uuindan praet. pl. *auundun* 12 b 5. part. praet. *auunden* 26 d 27. *auundre* 28 b 7 (für -*enre*).
        â-suindan praet. sg. *asuand* 11 b 33. 27 d 1. part. pt. *asuund[nan]* 27 d 20.
kl. 2. bi-suîcan part. praes. *biscuicend* 12 d 28.
        â-duînan „ „ [*aduinendanan*] 27 d 20.
        scriban, faer- praet. pl. *scribun* 17 f 32. part. praet. *faerscribaen* 2 b 34.
        smîtan „ „ *smitor* (für -*on*) 9 d 38.
        bi-bîtan part. prt. *bibitnae* 14 d 15.
        â-fîgan (?, frigere) „ „ *afigaen* 9 b 37 (misc. § 382).

kl. 3. anhrêosan praes. *anhriosith* 12 b 32.
andlûcan praet. sg. *andleac* 22 d 15.
kl. 4. ti-an-forslahan (vergl. § 47, 2. § 1, 3a) praet. sg. *tislog* 7 d 23. part. pt. *a[n]slegaengrae* 12 d 15 (für *-rae*). *forsleginum* 18 b 19. *forslaegęn* 20 b 24.
kl. 5. an-suâpan praet. sg. *ansueop* 2 b 11. bi-rêdan part. pt. *birednae* 20 b 3. bêatan · „ „ *gibeataen* 6 b 31.
· C. kl. 1a. inf. *ascrepan* 19, 3. *wesan* 21, 2. *oberurecan* 35, 14. praes. 1. ps. *scriopu* 46, 9. 3. ps. *lisit* 29, 41. *scripid* 45, 25. part. praes. *aetweosendre* 26, 20. praet. sg. *waes* 27, 7. 9. *uuraec* 51, 14. *biguet* 35, 6. plur. *tredun* 41, 11 (?). part. praet. *ascrepen* 19, 4. *geben* 27, 9. *ofgefen* 18, 17. *adegen* 18, 18 (zu *dicgean?* vergl. Sievers, misc. § 391, 1). *onligenre* 27, 19 (zu *licgean*, für *onligendre?*).
kl. 1b. inf. *brecan* 41, 21. praes. sg. *stilith* 15, 40. part. praes. *beôrende* 19, 24. *strimendi* 28, 13. 3**5**, 1 (vergl. Ep.). praet. sg. *fornoom* 27, 6. *forcuom* 35, 6. *ofcrcuom* 35, 17. praet. pl. *nomun* 7, 40. part. praet. *geborone* 20, 8. *unobercumenre* 27, 20.
kl. 1c. praes. 1. ps. *frigno* 14, 9. *anfindo* 17, 25. 3. pers. α) *milcit* 33, 2. 26. *gagulsuille* 23, 41 (für *-cđ*). β) *gesuirbet* 19, 13. γ) *forgrindet* 15, 13. plur. α) *teldat* 15, 42 (*conectit* für *-itis*). β) *dorhsuimmađ* 52, 1. part. praes. α) *gelpende* 49, 4. β) *hûerbende* 19, 38. γ) *aspringendi* 17, 11. *stincendi* 22, 32. *forclingendu* 44, 1. praet. sg. α) *asualt* 17, 37. β) *mere weard* 38, 20. *ungeęenewea* (für *-weard*) 17, 46. γ) *geband* 17, 21. *asuand* 25, 21, *asuond* 19, 21. 50, 4. *stonc* 20, 9. *gecrong* 35, 25. *horn* (?) 1, 8. plur. β) *towuorpon* 16, 44. γ) *asundun* 18, 1. *spunnun* 43, 32. *wundun* 26, 28. *þrungun* 51, 20. part. praet. α) *dorhbrogden* 51, 27. *asolcen* 27, 15. *asuollen* 52, 15. β) *towórpne* 16, 45. γ) *gebinumini* 3, 41. *binumine* 3, 1. *gerunncn* 15, 43. *abundæn* 19, 46. *suungen* 20, 32. *auunden* 40, 8. 51, 11. *acrummen* 21, 26.
kl. 2. infin. *bidan* 32, 13. praes. sg. 1. pers. *suto* 29, 17 (für *slito*; dies ergiebt eine vergleichung der glossen 29, 17. 15. 10 mit W.-W. 436, 24 und 530, 1). 3. pers. *tocinit* 17, 18 (Beitr. IX p. 277). *midid* 17, 45. *siid* 20, 27 (misc.

I. Konjugation. § 50. schwache verba.

§ 383 anm. 4). part. praes. *cinendi* 25, 29. *gewitendi* 17, 12. *hlibendri* 32, 38 (vergl. misc. § 382 und W.-W. 443, 22). *diendi* 27, 42 (zu *dêon* = **dihan*). praet. sg. *naap* 1, 8 (?). *scaan* 7, 15. *sclat* 12, 20. *asuab* 20, 31. *smat* 28, 2. *geuuatu* 15, 26 (für *geuuat*). *mistagch* 17, 31 (cf. W.-W. 385, 8). plur. *smiton* 23, 35. *scribun* 40, 35. part. praet. *scriben* 17, 22. *forscrifen* 3, 34. *afigaen* 23,ʻ 10 (vergl. Ep. und W.-W. 404, 11). *agnidine* 17, 19 (*â-gnidan*). *untosliten* 26, 13. *bibitne* 32, 40. mit gramm. wechsel: *gesniden* 18, 19.

kl. 3. inf. *to aseodenne* 20, 44. praes. sg. 3. ps. *α*) *alieset* 20, 1. *onhriosed* 26, 44. *β*) *ascufid* 41, 15. part. praes. *β*) *hrutende* 48, 28 (misc. § 385). praet. sg. *α*) *gefreos*ʳ 34, 41. *β*) *onlaec* 43, 24. part. praet. *adroten* 38, 16. *getogenum* 48, 23. *getogone* 48, 32.

kl. 4. inf. *onseacan* 17, 29. *flean* 17, 23.. praes. sg. 1. ps. *scaebe* 40, 23. · 3. ps. *waexit* 49, 19. praet. sg. *forsooc* 17, 15. *forsuor* 17, 24. *toslog* 14, 11. plur. *hlodun* 7, 40. part. praet. *agraben* 12, 10. *slaegen* 38, 39. 39, 8. *forslægen* 41, 35. *forslaegenum* 41, 8. *gegaelen* 28, 4. *gedaebeni* 17, 13.

kl. 5. praes. *blondu* 28, 19. *wrotu* 49, 23 (misc. § 396a). 3. pers. *geraedit* 17, 33. part. prs. *gegandende* (W.-W. 363, 36). praet. sg. *onsueop* 7, 29. *ansuaep* 4, 24 (für das praes. *ansuaepd*?). *auueol* 20, 4. *auueoll* 28. 14. *onrcod* 28, 10 (zu *onrêadan* oder *onrôdan*? vergl. misc. § 396a (p. 287). optat. 3. sg. *greouue* 53, 43. part. praet. *geblonden* 28, 22. *onsuapen* 28, 24. *birednæ* 41, 34. *gedraune* 43, 29. *gibeaten* 8, 17.

§ 50.
Die schwachen verba.

kl. 1. In den belegen der 3. pers. sg. praes. zeigen die verba der 1a klasse regelrecht vereinfachung der gemination: *graemid* 13 d 14. *gifraemith* 17 f 33. *caelith* 12 f 34. praeter. 1a. die endung ist im sing. *-idae, edae: aferidae* 2 f 16. *bisceredae* 2 d 34. die auf *-d, -t* nehmen eine besondere stellung ein. sie haben als endung *-dae*, plur. *-dun*. *d* assimiliert sich voraufgehendem *t*: *gisettae* 7 d 15. plur. *treddun* 18 b 24. 1b. der ableitungsvokal ist gefallen: *gimaenydae* 12 d 25. *gigiscdae* 16 f 21. *stridae* 23 f 18; mit assimilation des *d* an *t*: *onettae* 17 b 15. *agnaettae* 28 d 35. plur. *faedun* 19 f 33; *maestun* 24 b 27, in welchem *t* für *tt* steht. Wie im ws. nimmt eine sonderstellung ein *bismirwan*, dessen praet. in der gestalt *bismiridae* 12 d 14 auftritt. Part. perf. 1a. *-id* mit einfachem kons. am wurzelende: *gigraemid* 13 f 9. *gifraemid* 18 d 1. *ansuebidum* 24 d 3; in den flectierten formen auf *t* fällt der vokal und *d* assimiliert sich an *t*: *gisettan* 12 d 24. 17 b 7. 1b. *-id: gitychtid* 12 d 12. *gybyrdid* 8 d 36. *astyntid* 11 b 29. *r[a]ebsid* 12 b 35. *gimengidlicę* 18 b 25. *georuuierdid* 26 f 14. *auuaerdid* 28 d 29. *asiuuid* 19· f 30. *gisiuuid* 23 b 27. *giuuaemmid* 12 d 22. *-ed* in *raefsed* 12 d 1. tritt vokalisch anlautende flexionsendung hinzu, so fällt der ableitungsvokal: *genicldae* 17 b 1. *unamaelti* 19 b 32 (*td, tt, t*). nach *w* ist derselbe einmal erhalten *bisiuuidi* 16 f 40. zu beachten ist das part. *gigeruuid* 17 f 38. *gegeruuednae* 7 d 25. neben dem praeter. *bismiridae* 12 d 14. — Ueber das part. praes. vergl.. § 49.

kl. 2. cf. § 49. Das praet. hat schwankenden ableitungsvokal. derselbe erscheint als *u* in: *aslacudae* 11 b 34. *suicudae* 24 b 29, *-odae: gerεgnodae* 14 d 18, *-adae: gesuidradae* 7 f 3. *lithircadae* 17 f 30; plur. *suornodun* 7 d 27. part. praet. *-od: fetod* 2 f 31. *gefetodnae* 2 f 36. *afulodan* 27 d 20. *-ud: getrecudae* 9 d ·35. part. praes. *tilgendum* 2 f 2. *ferhergęnd* 10 d 37. *uuidirhliniendae* 12 d 18. das *j* fehlt in: *fultemendi* 2 d 35. *-um* f 20. *faetmaendi* 24 b 38, die im ws. nach kl. 2 flektieren.

Von den verben, welche im praet. und part. rückumlaut haben, sind nur die praeterita: *saldae* 12 d 3. *sochtae* 18. b 31 und *arectae* 7 d 36 (*concesserim*) belegt.

C. kl. 1a. Der doppelkonsonant am wurzelende, der im inf. (*settan* 36, 39), praes. sg. 1. pers. (*suebbo* 47, 24), im plur. praes. *onsuebbað* 46, 32 und im praet. praes. (*fremmendum* 41, 20) erscheint, ist regelrecht vereinfacht: 1. im praes. sg. 3 pers. (2. p. unbelegt): *gremið* 29, 10. *gefremið* 40, 36. 2. im praet., welches in C. auf *-ide* ausgeht: *trymide* 15, 27. *egide* 35, 27. *oberwenide* 27, 22. *awenide* 49, 21. 3. im part. praet., dessen endung *-id* ist: *gefremid* 41, 13. *fremid* 41, 29. *gegremid* 29, 15. *aed* begegnet in *sibaed* 7, 11 (zu **sibban?* *arbatæ* = *cribratae?*).

Bei denen mit *t* am wurzelnde hat ausfall des ableitungsvokals statt: praet. *gesette* 13, 46. *fordytte* 35, 11. *ongensǽtte* 35, 12 (part.?). das *d* ist in denselben an *t* assimiliert. von den verben auf *rj* ist nur belegt: praes. 3. pers. *wereth* 3, 3. *styrið* 33, 7; praet. *aferide* 7, 39. die annahme, dass *sciro* E. S. 18, 5 hieher gehört (*scirjan, scerjan*), würde voraussetzen, dass ein *j* vor dem *u* ausgefallen ist. auch das pract. (?) *scirde* 3, 25 (*actionabatur*) spricht dagegen. also ist wol langer wurzelvokal anzunehmen.

kl. 1b. Ueber die endungen des praes. vergl. § 48.

Im praet. fehlt der ableitungsvokal: *formclæmde* 36, 4. *streide* 48, 15. *uuoende* 4, 10. *geþiudde* 4, 14. *afoedde* 15, 30. *widstylde* 17, 26. *wroegde* 17, 27. *auuǽgde* 19, 7. *oberfoerde* 19, 20. *araefnde* 20, 3. *raesde* 28, 1. *rǽfsde* 27, 5. *gemengde* 27, 27. *geheende* 20, 15. *oxstaelde* 26, 3. plur. *wroegdun* 17, 17. *araefndun* 20, 37. *araeddun* 20, 11. nach den konsonanten *t, p, c* tritt *-te* für *-de* ein: *moette* 35, 29. *ascaeltte* 18, 15. *geuaerpte* 15, 22. *gegiscte* 36, 5; vor kons. + *t* fällt eins der beiden *t: maestun* 45, 1. *tyhton* 28, 35. *agnette* 54, 33. *onette* 35, 22. part. praet. *-id: astaenid* 48, 36. *onsaelid* 16, 43. *gemǽdid* 28, 15. [*aþryid*] 20, 16 (Beitr. IX pag. 294); *-ed: gebyrded* 13, 28. *faerred* 41, 6. *awended* 53, 36. *gebreded* 53, 40. *fylled* 2, 4; bei antretender mit vokal beginnender endung wird *e* synkopiert: *gebegdum* 3, 36. *todaeldum* 17, 39. *gehyddum* 3, 6. *þreade* 6, 16 (vergl. W.-W. 56, 23. 84, 41. 350, 2). endlich ist zu beachten das part. *gesmirwid* 17, 40 neben dem praet. *bismiride* 27, 18, das part. *gegeruuid* 41, 1 neben dem part. praes. *gierende* 50, 9.

kl. 2. praet. *-ade: geladade* 4, 13. *gesuedrade* 14, 20. *madalade* 15, 36. *unsibbade* 17, 3. *tiorade* 17, 32. *asclacade* 25, 22. *geregnade* 32, 19. *suicade* 47, 39 *threatade* 54, 31. *lidercade* 40, 33. plur. *haelsadon* 8, 3. *gegaedradon* 14, 7. *suornadun* 14, 13. *meldadun* 17, 17. *asclaecadun* 18, 11. *gesuedradun* 20, 13. *gedingadon* 38, 6. *geeblicadun* 42, 32; *-ode* nur in: *drowode* 20, 10, *gemaercode* 28, 2, *-udun* in *tioludun* 39, 10. part. praet. *-ad: getriowad* 21, 40. *gelaechtnad* 25, 38. *abrectat* E. S. 12, 37 (*celatum*, das wort ist wol entstellt aus *abracad*, vergl. W.-W. 364, 2). *bisparrade* 36, 9 (*oppilatae*) *geroscade* 37, 25 (*pascos*). *getreuuade* 22, 37 (*focdera-*

tas). *ahlocadum* 18, 41 (*effosis*); *-od* nur in *feotod* 7, 17. *gefeotodne* 3, 27. auch in C. fehlt das *j* in *fultemend* 23, 21. *fultemendum* 3, 38.

Verba mit rückumlaut. belegt sind im praes. *recceo* 5, 21 (*alligeo*). *recio* 20, 42 (*expediam*), im part. praes. *olectendra* 38, 3 (= *oleccendra*). praet. *arehtun* 21, 1. *arecte* 14, 18. *aqualdun* 34, 13. *salde* 27, 12. *gewarht* 15, 17. *brohte* 16, 38. *sohte* 38, 29; part. *geboht* 19, 14 (*bycgan*). *apoht* 15, 16. vom verbum *hycgan* ist das part. *forhogd* 28, 36 belegt.

§ 51.
Anomala.

Ep. hat nur einen beleg für *éode: gihiodum* 2 d 37 und für *dôn: framadoenre* 22 d 13. praeterito-praesentia sind nicht belegt.

C. Verbum substantivum. die formen zur wurzel *wes* sind beim st. v. 1a behandelt. wurzel *es:* 3. sg. *is* 38, 16. 34, 36 (*nehuruis* = *ne hûru is*). plur. *sint* 49, 32. wurzel *bhu:* 3. sg. *bid* 38, 39. plur. *biad* 6, 16.

dôn: praes. 2. sg. *ondest* 47, 31. part. *ondoen* 26, 22. *from adoenre* 43, 23. *éode: geeode* 12, 39. *gecodun* 4, 1.

Von *cunnan* ist ein stark gebildetes part. *oncunnen* 34, 26 belegt, vgl. Sievers, Beitr. IX p. 298 (§ 420 ff.). sonstige belege für die praet.-praes. sind nicht vorhanden.

II. Deklination.

§ 52.
Einleitendes.

Die feststellung der casus der ae. wörter ist bei der vielfachen übereinstimmung verschiedener lateinischer casus, welche durch erstere glossiert werden, oft unmöglich. die schwierigkeit wird noch dadurch erhöht, dass keineswegs die ae. casus den lateinischen in jedem einzelnen falle entsprechen. leicht erklärlich ist es, wenn für einen lat. ablativus im engl. ein dativus steht (*fultemendum adsessore* 2 f 20. *staegilrae pracrupta* 18 b 22. *baedendrae inpulsore* 12 d 21.

framadoenre remota 22 d 13), aber es begegnet auch, dass ein lat. dativ durch ae. nom. acc. widergegeben ist, wie C. 15, 29: *concussionibus, raednisse.* finden sich in dem ursprünglich den glossaren zu grunde liegenden texte adj. mit subst. verbunden, so wird das ae. subst., welches das lat. übersetzt, oft anderes geschlechtes sein als dieses, und so ist es denn erklärlich, dass beim adj. part. etc. übersetzungen wie *gistaebnęndrae reciprocato* Ep. 22 d 3. C. 43, 20 in die glossare gelangen. oft genug mag indessen auch eine entstellung der endung durch unwillkürliche fortlassung oder verwechslung eines buchstaben vorliegen. in zweifelhaften fällen habe ich das bet. wort an die stelle der flexion gesetzt, für welche die grösste wahrscheinlichkeit zu sprechen schien. dabei habe ich jedoch stäts das lat. wort mit angeführt.

A. Deklination der substantiva.

1. Starke deklination.

§. 53.

A-stämme.

Masculinum. Die belege für den nom. masc. sg. zu geben, ist nicht von nöten. acc. ist *thegn* 2 f 29 (*adsaeculam = adseculam*). gen. *hraebnęs* 21 f 24. *iringaes* 28 b 6. *fuglaes* 28 d 23. *geacaes* 2 d 7; *-es* in *uulfes* 7 d 6. dat. ein beleg für den dat. ist nicht vorhanden, sofern man die cas. der lat. wörter genau mit den entsprechenden wörtern des ae. identificiert. indessen könnte der lat. abl. *pituita* sehr wol durch einen dat. *gillistrae* 21 b 35, *strepitu* durch einen dat. *brectme* 24 b 23, *legula* durch einen dat. *gyrdislhringae* 13 d 20 widergegeben sein. [*eornęsti* 24 d 5] adverbialer instrum., plur. nomin. acc. *reftras* 1 d 8 (*amites*). *thungas* 1 f 3 (*aconita*). *sceabas* 1 f 10. *loccas* 1 f 8. *lynisas* 1 b 38 (*axedones*). *scaldthyflas* 2 d 2. *segnas* 2 f 17. *fleotas* 3 b 5 (*aestuaria*). *sneglas* 8 b 17. *suedilas* 12 b 4 (*instites*). *mettocas* 13 b 20. f 1 (*lagones*). *sigiras* 13 b 35. *menescillingas* 13 b 37 (*lunules*). *helustras* 22 d 10 (*recessus*). *scaedugeardas* 26 f 15. *suchoras* 28 b 24; sichere lat. acc. sind:

ambras 6 f 35. *heringas* 23 f 32. *smeltas* 24 d 18. *trimsas* 2 b 10. *smigilas* 7 d 29. *leactrocas* 8 f 34 (*corimbus* für -*os*, wie C. richtig hat). *sceabas* 10 d 38. · *mettocas* 22 d 29. *waeffsas* 28 b 37. gen. *uuaega* 21 f 14. dat. *foraeuuaṭḥī*, *ṭindū* 22 d 16. *flaṇum* 24 b 35. *fuglū* 28 b 32. *streum* 27 b 36 (für *streamum*, C. 51, 17). *bitulum* 6 d 2. *urū* 28 f 20. *spreotum* 7 f 11. Neutrum. sing. nom. *hleor* 9 f 1. *algiuueorc* 12 f 12. *gibrec* 19 d 5. *herebaeçon* 24 b 8. *sigbeacn* 26 f 19. *fosturbearn* 3 b 8 etc. sicher acc. ist *ḅorh ludgact* 18 b 18. gen. *scipes* 22 d 1. dat. *maethlae̜* 12 d 35. *clustorlocae* 8 d 22 (*caustella*, instr.?) instr. *thys geri* 11 d 18 (*horno*). *uuerci* 16 f 40 (*opere*). *gaebuli* 3 b 30 (*aere alieno*). *hraecli* 2 f 8 (*amiculo*). *spelli* 22 d 12. plur. n. a. kurzsilbig: *saegesctu* 17 f 36 (*promaritima*). *seto* 23 f 8· (*stabula*), mehrsilb. *le̜ndino* 22 b 31 (*rien*), langsilb. *berecorn* 19 f 15. *hleor* 10 f 20 (*genas*). gen. *dinga* 17 b 9. 21 f 17. *suina* 25 b 26. dat. *threatmelu* 14 d 17. *styccimelū* 18 b 26. *scidū* 24 d 4. *le̜ndnum* 7 f 37.

Femininum. nom. sg. kurzsilbige: *scalu* 10 d 24. *ragu* 14 f 17. *scamu* 18 b 2. *suadu* 25 b 26. *fremu* 6 b 8. *sle̜gu* 13 f 28. *stigu* 2 b 26. -*u* zeigt auch das mehrsilbige *aelbitu* 17 d 17; *hrutu* (für *hnutu*) 1 d 26 und wol auch *hnitu* 13 f 5 gehören zu den konsonantischen stämmen, nahmen aber das *u* der *a*-dekl. an, cf. Kluge, Beitr. VIII 508. Sievers, ib. IX 249. auch· *clauuo* 1 f 9 hat sich im ws. der *a*-dekl. angeschlossen. langsilbige: die auf *ung*: *leasung* 9 d 12. *uulatung* 16 b 3. *resung* 7 d 13. *frictrung* 1 d 4. *gitsung* 2 f 6. *cocunung* 21 f 13. ·*graennung* 22 b 20, sonst: *stream-*, *hueolrad* 2 f 13. 17 b 11. *saḷb* 15 b 2. *paad* 19 d 13. *salch* 23 d 33. *lectinadl* 26 f 34. *bean* 28 d 23 u. ö. mehrsilbige: *fetor* 19 d 11. *aenid* 1 d 28. gen. *nabae* 14 f 13 (*modioli*, nom. plur.?). dat. instr. (*mid*) *naedlae* 19 f 30. *eordrestae* 8 b 26 (*caumeuniae*, nom. plur.?); *gimaengiungiae* 7 d 35 (*confussione*). *ḅingungae* 12 d 10 (*interue̜ntu*). *criopungae* 16 f 26 (*obreptione*). *uuroctae* 12 b 36 (*insimulatione*). acc. unbelegt. ein endungsloser acc. scheint *obst* in *ḅorh obst* (*per anticipationem*) 18 b 33 zu sein. plur. nom. *eordrestae* 8 b 26 (vergl. dat. sg.) *nabae* 14 f 13 (vgl. gen. sg.) *cebisac* 18 b 20

II. Deklination. § 53. a-stämme. 79

(*pelices*); acc. *on ba halbae* 2 b 33. *sandae* 7 d 11 (*commeatos*).

C. Masculinum. sing. gen. -*es*: *gæccs* 3, 22. *helmes* 12, 3. *iringes* 53, 23. *wiingeardes* 5, 32. *hræfnesfoot* 42, 35. *fuglesbean* 53, 30. *wulfescamb* 10, 25. dat. *on laste* 19, 42. *suole* 11, 45 (? *caumati*; vgl. C. 12, 45. W.-W. 276, 16. 369, 18. 379, 6). instr. *cacfli* 12, 17 (*capistro*). *cornisti* 46, 26. -*e* erscheint in: *gyrdilshringe* 30, 1 (*legula*). 24 (*lingula*). *aethme* 52, 27 (*uapore*). *tharme* 54, 2 (*uiscera*). acc. sg. *þegn* 3, 42 (*adsacclum*). plur. nom. acc: *þungas* 3, 9. *onheawas* 14, 2. *sneglas* 14, 26. *leactrogas* 14, 35. *uuiolocas* 14, 37. *smyglas* 16, 14. *cildcladas* 16, 29. *reftras* 5, 31. *riftras* 21, 17. *sceabas* 6, 36. 24, 2. *mcottucas* 30, 10. *mettocas* 43, 8. *siras* 30, 39. *scillingas* 30, 40. *gislas* 34, 39. *cirnlas* 34, 34 und viele andere, auch *grundus* steht für *grundas* 23, 25 (*fundi* cf. W.-W. 401, 25). gen. plur. *suaediIa* 21, 16 (*!fasciarum*). *haerga* 44, 32 (*sacellorum*): *wega* 42, 37. dat. *forcuuallum*, *tindum* 44, 8. *flanum* 47, 40. *fuglum* 54, 15. *streamum* 51, 17. *urum* 54, 29. *spreotum* 14, 22. *bigangum* 20, 6. *bridelsum* 31, 4. *haehsedlum* 42, 1.

Neutrum. sing. n. a. *hleor* 23, 16. *aalgewerc* 26, 5. *fostorbearn* 5, 12. *uuif* 6, 9. *clustorloc* 13, 22; *dorh lidgaet* 38, 22. *þorh gefeht* 38, 21. gen. *huses* 18, 23. *uuordes* 53, 20. *scipes* 44, 5. *glueres* 49, 22. dat. *in maedle* 27, 33. *in scipe* 9, 29. [*on lande*] 19, 42. *on bæce* 28, 30; instr. *spelli* 43, 10. *werci* 36, 8 (*opere*). *geabuli* 4, 19 (*aere alieno*). *hrægli* 5, 36 (*amiculo*). *facni* 7, 24 (*astu*); *þysgere* 25, 37. 39. *earbede* 34, 35 (*negotio*). *sueorde* 48, 32. *thumle* 54, 2 (*uiscera*). plur. nom. acc. kurzsilb. *saegeseotu* 40, 38; *seto* 48, 8. *hæmedo* 26, 1)*hymeneos*). *laendino* 43, 38 (*rien*), langs. *berecorn* 42, 13. gen. *dinga* 35, 39. 42, 39. *suina* 49, 18. dat. *þreatmelum* 31, 22. *styccimelum* 36, 33. 38, 12. *wearnmelum* 25, 1. *scidum* 45, 36. *gewaldledrum* 25, 17. *deadraegelum* 37, 6. *midlum* 44, 30. endlich ist die flexion von *hol* zu beachten, vergl. Beitr. IX pag. 231. es ist belegt in C. 54, 21 *hool uorago*). *hol* 48, 5 (*spiramentum*). der plur. n. a. des wortes lautet *holu* 12, 21 (*cavernus* für -*os*). *uulfholu* 31, 17 (*lupinare*), dat. plur. *holum* 12, 1.

Femininum. nom. sg. kurzsilb. *ragu* 33, 3. 11. *slaegu* 30, 28. *stigu* 7, 35. *wægnfearu* 22, 17. *haeselhnutu* 1, 15. *hnitu* 30, 2, so auch die mehrsilbigen *aelbitu* 2, 11. 35, 36. *hurnitu* 16, 9 (misc. § 255 anm. 3). -*o* begegnet in: *scomo* 42, 15. *snoro* 34, 31. *mengi* 32, 2. *clauuo* 7, 6. langsilbige: auf *ung*: *leasung* 21, 15. *resung* 13, 45. *frihtrung* 6, 35. *gidsung* 6, 20. *cocunung* 42, 28. *grennung* 43, 36. *suinsung* 6, 34. 32, 22. *uucbung* 45, 37. *uulatunc* 33, 37, sonst: -*þixl* 6, 44. *salf* 31, 30. *waergrood* 23, 23. *salh* 44, 27. *lenctinadl* 50, 24. *uueordmynd* 26, 19 (Sievers, gr. § 255, 3) etc. mehrsilbige: *feotur* 38, 35. *enid* 5, 39. 23, 30. dat. instr. *mid nethle* 39, 35. *in degnunge* 27, 4; *þingunge* 27, 16 (*interuentu*). *gemengiunge* 14, 17 (*confusione*). *criopunge* 35, 2 (*obreptione*). *tuiheolore* 9, 14 (*bilance*). *þrage* 26, 30 (*interim*). acc. *tyndre* 34, 5 (*neptam*). *suinglunge* 53, 15 (*uertiginem*). *dorh obst* 38, 30 (?). nom. plur. *cordreste* 10, 30 (*caumeuniae*, sing.?). *cebisc* 38, 24 (*pelices*). dat. pl. *tychtingum* 26, 36 (*inlecebris*, Ep. *tyctin[n]um* 12 b 15). *to weordmyndum* 4, 6. *þixlum* 50, 30. acc. pl. (*on ba*) *halfe* 5, 2. *scoble* 37, 7 (*palas*). *resunge* 43, 35 (*retiunculas*).

§ 54.

Ja-stämme.

Masculinum. 1) mit kons.-umlaut. *segg* 25 b 20 (*salum*). 10 d 27 (*gladiolum*). 2) ein langsilbiger acc. ist *meeli* 2 b 38 (*aluium* = *alveum*), wenn das wort im ae. masc. ist. die nomina agentis ws. auf -*ere* (*ére?*) haben auch in Ep. -*cre*. belegt sind nur: *teblere* 1 b 37. *flitere* 22 b 24. 3) ja-stämme mit erhaltenem *j* sind: *briig* 19 b 13 und *tiig* 15 d 9 (Mars). plur. nom. acc. *scinneras* 24 f 26 (*scienicis*); *leceas* 18 b 21 (*phisillos*). *þorch byrgeras* 18 d 8.

Neutrum. n. a. sg. 1) *bed* 25 b 25. *bodd* 8 f 29. *neb* 22 d 1. *uueb* 27 b 29. *lybb* 17 b 13. 2) *steeli* 2 b 30 (*accearium* = *accarium*, franz. *acier*). *multi* für *milti* 13 f 10 (*lien*). *milti* 25 b 24 (oder gen. fem.? *slens*, wofür C. 48, 1 *splenis* hat). dat. instr. *gitiungi* 2 f 22 (*apparatione*). *thuerhfyri* 23 b 12 (*salebrae*). plur. nom. 1. *goduuebb* 9 f 4 (*fasces*). *uueb* 27 b 29 (*textrina*). 2. *geberu* 11 b 36 (*habitudines*). acc. *faestin* 27 d 9 (sing.? *termofilas*). dat. *faestinnum* 3 b 10.

II. Deklination. § 54. *ja*-st.

Femininum. nom. sg. 1. *uuilucscel* 7 d 3. *edischaen* 17 b 20. *crycc* 13 d 1. *mygg* 24 b 5. *grytt* 20 b 36. *unsibb* 23 f 19. *thyctin* 13 d 13. die auf -*nis* § 28, 3. 2. *segilgaerd* 3 b 12. *tochgerd* 14 b 13. *aex* 1 d 10. *haeth* 27 b 8. gen. *cneorissa* 23 f 22 (*sanguinis*) für -*ae* (?), C. 44, 40 -*e*. dat. instr. *geeornnissae* 12 d 2 (*industria*). *in foernissae* 12 d 8. *heardnissae* 22 d 14 (*rigore*). *gifoegnissae* 23 d 14 (*sarta tecta*). *raedinnae* 27 b 39 (*taxatione*), aber: *megsibbi* 3 b 9 (*dilectione, affectui*). acc. *sclindinnae* 27 d 3 (*tutellam*) für *scildinnae* (C. 52, 17). nom. acc. plur. *raedinnae* 7 f 13 (*coudiciones*). *tyctinnae* 12 b 19 (*incitamenta*). *orfiermae* 24 b 30 (*squálores*). dat. *tyctin*[*n*]*um* 12 b 15. *nyttum* 2 f 18.
 C. Masc. 1) *seeg* 45, 5 (*salum uel mare*) für *secg*. 2) -*hiorde* 9, 23. 13, 31. die auf -*ere*: *scoere* 49, 26. *teblere* 4, 35. *flitere* 43, 4. *þingere* 4, 12. *haelsere* 8, 5. *hornblauuere* 12, 40. *egdere* 19, 36, einmal erscheint *cri: miyniteri* 34, 30 (*numularius* etc.). 3) die auf *j*: *briig* 42, 17. *tiig* 32, 10. acc. sind: 1) *saecg* 24, 28 (*gladiolum*). 2) *meeli* 5, 4 (*aluuium* für *alveum*). 3) *gig* 24, 37 (*gripem*). nom. acc. plur. *leceas* 39, 21. *healecas* 7, 13. *horshiordas* 38, 11. *byrgeras* 38, 31. *scinneras* 19, 19. 46, 3.
 Neutrum. nom. acc. sg. 1) *bed* 48, 4. 16, 16. *neb* 40, 1. 44, 5. *web* 50, 27. 28. *wudubil* 21, 19. *lyb* 35, 10. *faestin* 6, 43 (*arx*). 2) *steli* 3, 19. *staeli* 35, 28. *molegnstycci* 24, 5. *innifli* 26, 25. dat. instr. *getiunge* 6, 21 (*apparitione*). *goduuebbe* 51, 19 (*toga*); *geddi* 19, 6 (*elogio*). *þuerhfyri* 44, 21 (*salebrae*). plur. nom. *wudubil* 21, 17. *goduueb* 21, 10 (*fasces* [*libri*]). 2) *geberu* 25, 14 (*habitudines*). acc. *faesten* 50, 29. *suocsendo* 4, 32 (*agapem*). dat. *faestinnum* 7, 18.
 Femininum. nom. sg. die auf -*nis* § 28, 3. *·wilocscel* 13, 40. *edischen* 36, 18. *haegtis* 48, 18. [19, 33]. *haehtis* 23, 39. *tyhten* 29, 40. *mieremenin* 47, 7. *byden* 1, 6. *cryc* 30, 20. *unsib* 46, 17. *mygg* 16, 23. 45, 33. 2. *seglgærd* 6, 1. *tohgærd* 30, 6. *aex* 8, 10. *haet* 50, 35. gen. *cniorisse* 44, 40 (*sanguinis*). *milte* 48, 1 (*splenis*). dat. instr. *in foernisse* 27, 14. *under haehnisse* 49, 24. *heardnisse* 43, 40 (*rigore*). *gifoegnisse* 44, 25 (*sartatecta*). *raedinne* 50, 3 (*taxatione*). -*enne* 14, 24 (*condicione*, Ep. an der entsprechenden stelle -*es*). *hydac* 17, 7 (*statione*). *ginnisse* 28, 7 (*intercapi*-

dine). acc. *scildenne* 52, 17 (*tutellam*). plur. nom. *tyhtinne* 26, 40 (*incitamenta*). *hæhtisse* 19, 45 (*eumenides*). *raedinne* 8, 12 (*bacidones*). *oemsetinne* 5, 32. *gleaunisse* 6, 42 (*argutiae*). *raednisse* 15, 29 (*concussionibus*). *orfeormnisse* 48, 7 (*squalores*). dat. *to nyttum* 3, 37. *dilignissum* E. S. 4, 43. *scellum* E. S. 15, 10.

§ 55.
Wa-stämme.

Die belege sind sehr spärlich. für das masc. fehlen dieselben ganz. neutr. nom. *teru* 16 b 23. 22 b 29 (vergl. misc. § 249). *huuitquidu* 15 b 31; *treo* 25 b 27. *trea* 2 b 17. *gliu* 9 b 2 (oder plur.? *facitiae*). gen. *beouuas* 15 b 21 wol für *beouuaes* vergl. Sievers, gr. § 250, 1. dat. *in gliuuae* 12 f 3. instr. *unamaelti sperwi* für *smerui* 19 b 32 (*pice seuo* = *sebo*). *smeruui* 24 d 5 (*seuo*). fem. *thrauu* 2 b 35, ws. *dréa*, wird wie *cláwu* im ws. (neben *cléa*) nach der *a*-dekl. flektieren. das letztere erscheint in Ep. 1 f 9 als *clauuo* auch *scead[u]* 23 f 21 zeigt ws. flexion nach der *a*-dekl., daneben allerdings auch ws. gen. *sceadwe* etc.

C. Ein beleg für den dat. des masc. könnte *deawe* 44, 9 (*roscido*) sein, doch macht Sievers, misc. § 250 darauf aufmerksam, dass das wort auch als neutr. gebraucht wird.

Neutrum. nom. sg. *teoru* 16, 22 (*cummi* = *gummi*). 24, 36. 43, 15. *blaecteoru* 33, 40. *treuteru* 8, 31. *smeoru* 46, 27 (*seuo*). *huitcudu* 32, 4; *-o* in: *smeoro* 44, 26. *sarwo* 4, 11 (*aduentio*, mit erhaltenem *w*, ws. *searu*), ferner: *gliu* 23, 43. *glio* 10, 24. 21, 8. *treo* 13, 29. *plumtreu* 40, 4 (*plunas* = *plunus*, mit dem *l*, das auch die german. entlehnungen zeigen, vergl. auch W.-W. 269, 30). *fulaetreo* 4, 41. *hio* E. S. 6, 24. gen. *hondfulbeoures* 31, 36. dat. instr. *in gliowe* 27, 35. (*unamælte*) *smeoruue* 39, 25 (*pice saeuo*). plur. n. a: *fugultreo* 5, 31 (*uel reftras*). dat. *seorwum* 14, 40 (für *scarwum*).

Femininum. nom. *thrauuo* 6, 39. *sccadu* 49, 18. *scadu* 45, 21. *sionu* 34, 12; *cualmstou* 1, 2. *ceapstou* 14, 5. belege für die cas. obl. fehlen.

§ 56.
I-stämme.

Masc. sg. nom. langsilbige: *hand[u]yrp* 5 f 30 (statt *-m*). *regenuuyrm* 14 b 10. *suoeg* 9 f 16. *blestbaelg* 10 b 21. *stegn* 7 f 7. kurzs. *meri* 25 b 16 (*stagnum*). dat. instr. *faengae* 17 f 35 (*pro captu*). *sume daeli* 18 b 1 (*partim*). dat. plur. *groepum* 24 d 14 (*scrobibus*). fem. sg. nom. *-uuyrt* 1 d 38. 11 d 22. 12 b 29. 15 b 33. 21 f 25. 27 b 35. 28 d 14. *spoed* 24 b 39. acc. *uuyd* 25 f 28 (*sortem, condicionem*) für *uuyrd*. nom. plur. (gen. dat. sg.?) *uuyrdae* 18 d 17 (*parcae*).

C. Masc. sg. nom. acc. langs. *honduyrm* 9, 31. *-wyrm* 29, 34. 31, 9. *suoeg* 23, 18. *blaesbaelg* 23, 2. *bloestbaelg* 2, 10. *steng* 13, 21. *dyrs* 36, 15. *drync* 25, 16. *seng* 53, 2 (für *steng*), kurzsilbige: *-i*: *dili* 5, 40 (*anetum*). *cyri* 17, 28 (*electio*). *daeguuini* 20, 34 (cf. W.-W. 129, 15. 152, 22 u. ö.), *-e*: *mere* 48, 26. *forenyme* 42, 7 (*praesumtio*). *byge* 47, 17 (*sinus*). dat. instr. *sume daeli* 36, 31 (*partim*). *fenge* 40, 37 (*pro captu*). plur. nom. *twegen stridi* 37, 34. dat. *groepum* 45, 38. acc. plur. *genge, groepe* 29, 12 (*cloacas* etc.).

Neutr. nom. sg. *sibi* 16, 3 (Kluge, anz. Anglia V, 85). acc. plur. *speoru* 14, 23 (*contos*).

Femininum. sg. nom. *-wyrt* 6, 17. 18, 44. 19, 27. 25, 30. *spoed* 41, 19. 36. 49, 15. *wyrd* 22, 34. 41. ein kurzsilbiges femininum ist *freomo* 8, 38 (*aeneficium* = *b*−), vergl. Sievers, misc. 268 f.. acc. *wyrd* 47, 28 (*sortem*). nom. plur. *wyrde* 37, 3 (*parcæ*). *forewyrde* 5, 43 (*antefata*, vergl. aber misc. § 267). *firste* 29, 31 (*laquearia*). *daele* 14, 44 (*portiunculas*). *gloede* 41, 30 (*prunas*).

§ 57.
U-stämme.

Ein ursprünglicher *u*-stamm ist das masc. *-thorn* 1 d 37. 16 b 14. 25 b 10. 11. sonst ist von *u*-stämmen nur noch das merkwürdige *aetgaeru* 9 f 3 belegt, welches die endung *u* trotz der langen wurzelsilbe erhalten hat, vgl. misc. § 273.

C. Von *-dorn* 4, 38. 34, 17. 48, 2. 3. 43, 9 findet sich der plur. n. *dornas* 46, 15 (*sentes*). kurzsilbiger *u*-stamm ist das masc. *furhwudu* 39, 34. von *ætgaeru* 23, 15. *ægtæro* 21, 22 (für *-tg-*) begegnet der dat. *aetgaere* 6, 3 (*ansatae*), von *feld* 45, 16 der gen. plur. *feltha* 45, 17 (*saltuum*).

2. Schwache deklination.

§ 58.

Mascul. nom. -*a*. Die belege sind zahlreich. es gehören hierher die tiernamen: *hara* 14 b 1. *-hana* 2 b 22. 9 d 10. *hragra* 2 b 23. *pauua* 20 d 1. *sparuua* 23 f 15. *spearuua* 9 d 34. *fina* 15 b 25. 20 b 15. *dora* 5 d 26. *briosa* 1 f 7. 27 b 17. *earuuigga* 2 b 25. gen. *scinlaecęan* 16 b 28 (*nebulonis*, vielleicht n. a. plur.). dat. *unemotan* 16 b 27 (*negotio*). acc. *uuicingsceadan* 18 b 8 (*piraticum*). *bogan* 9 f 7 (*fornicem*). plur. nom. *redboran* 12 f 4 (*iurisperiti*). *staebplegan* 13 d 9 (*ludi litterari*). *librlaeppan* 9 b 23 (*fibrae*), nom. oder acc. *caempan* 10 f 19 (*gladiatores*). *giroefan* 7 d 26 (*censores*), acc. plur. *spadan* 28 d 25 (*uangas*).

Für -*an* steht einmal -*on* in *gesuirgion* 7 f 19 (*consubrinus*), C. 14, 25. *gesuigran*.

Feminina. die endung des nom. ist durchgängig *ae*. derselbe begegnet 90 mal. das hauptkontingent stellen pflanzennamen: *uuegbradae* 2 d 9. 19 f 27. *clatae* 6 d 1. *atae* 13 f 15. *uualhmorae* 19 f 28. *gladinae* 24 b 10. *lelodrae* 13 f 31. 22 b 32. *geruuae* 14 d 28. *elonae* 16 f 28. *nettae* 17 b 2. *duuergaedostae* 20 d 11. *cressae* 24 b 6. *eborthrotae* 24 b 18. *belonae* 25 b 29. *gundaesuelgiae* 25 b 30. *ribbae* 7 d 7. *hymblicae* 7 d 8. *cunillae* 8 f 33. *uuodaeuistlae* 8 f 37. *quiquae* 10 d 34. *uuidubindlae* 12 f 15. *cliþae* 14 b 12. *uurmillae* 16 f 16. *birciae* 19 f 25. *uuiduuuindae* 28 d 20. b 21. *quicae* 28 d 26. *aescthrotae* 9 f 30. *geacaes surae* 2 d 7. *hunaegsugae* 14 b 14. *hunae* 15 b 33. *ccarrucue* 25 b 22. *aespac* 27 b 7. *boecae* 1 f 2. *gearuuae* 15 b 9; hierher gehören auch die vogelnamen: *nectaegalae* 22 b 27. 1 f 6. *crauuae* 8 f 26. *sualuuae* 11 d 37. 20 d 8. *masae* 20 b 13. *lauuercae* 27 b 13. *chyae* 8 f 25 und viele andere wörter. dat. *suipan* 28 b 7. acc. *listan* 13 d 21 (*lembum*). plur. *totridan* 16 f 2 (*oscillae*). *cyniuuithan* 22 d 27 (*ridimiculae*), beide könnten gen. dat. sg. sein. *aehrian* 21 f 12 (*quisquiliae*, C. *aegnan*). acc.

II. Deklination. § 58. schwache subst.

oder nom. *gabutan* 18 f 25 (*parabsides*).. *cuscutan* 20 d 9 (*palumbes*), acc. *anstigan* 27 d 9 (*termofilas*). *thuelan* 28 b 22 (*vittas*). dat. *dislum* 27 d 13 (*temonibus*).
Statt *ae* steht *a* in *tuuncressa* 16 b 21 (neben *cressae* 24 b 6). das geschlecht des wortes scheint zwischen masc. und fem. zu schwanken, auch C. 47, 3 hat *cressa*, *tuuncressa* 33; 39, *cressa* E. S. 9, 39. *i* für *ae* steht in *sigdi* 9 d 29, ws. *side*. sw. ist auch das kontrahierte: *nundl*(*eu*) 28 b 15. Neutrum. instr. sg. *unpyotgi egan* 28 d 31 (*uitiato oculo*).
Unentschieden bleibt das geschlecht des kontrahierten *flio* 1 d 9 und des cas. obl. *cian* 6 d 22 (*branciae*), vergl. misc. § 277.
C. Masc. -a. belege sind: *gebofta* 1, 3. 13, 44. *helma* 1, 4 (*clauis* für *clavus*). *geocboga* 1, 13. *frysca* 10, 8. *spora* 10, 32. *wefta* 17, 6. *foeda* 21, 23. *anoda* 22, 39. *hama* 24, 38. *cnohha* 31, 10. *screauua* 33, 22. *cornuurma* 53, 19. *raha* 11, 33 u. s. Zweimal erscheint die endung des sg. m. als *o*: *bogo* 23, 1. *rimo* E. S. 16, 7 (*crepido*). gen. sg. *scinlae. can* 34, 9 (*nebulonis*). *faedran* 37, 19. dat. instr. *of foedan* 20, 14. *wurman* 33, 32 (*murice*). acc. *bogan* 22, 38 (*fornicem*). *wicincsceadan* 39, 23 (*piraticam*). plur. nom. acc. *fraetgengian* 6, 19. *seolfbonan* 9, 9. *lyblaccan* 11, 38. *geroefan* 12, 26. *gesuigran* 14, 25 (*consobrinus* für -*os*). *gescolan* 15, 28. *uuitgan* 18, 16. *wraeccan* 20, 40. *bolcan* 22, 44. *sifidan* 23, 34. *cempan* 24, 35. *galdriggan* 28, 5. *redboran* 28, 42. *staefplagan* 31, 1. *speccan* 34, 25. *spelbodan* 36, 19. *geroefan* 42, 10. *hnyglan* 42, 14. *fedrhoman* 50, 7. *spadan* 52, 23. dat. *folcgeroebum* 3, 12. *uuicgeroebum* 50, 34. *sceptloum* 5, 37.

Femininum. die endung des nom. fem. ist -*e*. es finden sich dafür über 170 belege. daneben erscheint *æ*, *ae*: *atæ* 9, 2. *beodbollæ* 16, 33. *oslæ* 32, 27. *plumæ* 41; 36. *atæ* 7, 41. *hindberiae* 3, 23. *tahae* 5, 23. *lauricae* 24. *thoae* 7, 2. *barriggae* 8, 32. *higrae* 9, 1. *iccessurae* 11, 9. *higrae* 13, 18. *lelodrae* 29, 23. *baercae* 32. *nettae* 35, 34. *hicae* 38, 2. *slahae* 39, 19. *lelothrae* 44, 4. *wellyrgae* 47, 19. *higrae* 52, 7. *quicae* 53, 35. *ulae* 54, 12. E. S. 11, 7. *la°rgae* E. S. 4, 24 *finulae* E. S. 22, 15. *granae* E. S. 33, 21. *plumae* E. S. 40, 5. *lauricae* E. S. 51, 4; in *laurici* 11, 27 steht *i* als fem. nominativendung. gen. dat. sg. đare getyhtan 21, 3; heordan 48, 13 (stuppa). acc. sg. listan 29, 42 (lembum). suiopan 31, 34 (mastigium). piosan 39, 30 (pisum). plur. n. a. bunan 12, 23 (carcesia). gauutan 37, 5 (parabsides). cynewiđđan 43, 41. heopan 47, 1 (sicomoros). netlan 54, 30 (uerticeta). hlytan 47, 29 (vergl. hlyte 40, 13). gen. fingrdoccana 18, 5. dat. þeotum 22, 21 (fistulis). suiopum 22, 28. þaectigilum 26, 8 (oder. st.?). blesum 50, 16.

Das kontrahierte mundleu begegnet 15, 11. 52, 35; cian 9, 39 vergl. Ep., cressa ib.

Instr. des neutrums ist egan 53, 38.

§ 59.
Kleinere deklinationsklassen.

Zu den alten stämmen auf -os (Sievers, gr. § 288 ff. misc. § 288 ff.) gehört der plural: sceroro 9 b 9 (forfices) von scear, ebenso der erste teil des merkwürdigen kompositums aegergelu 9 d 16.

Von den einsilbigen konsonant. stämmen finden sich folgende belege: masc. nom. sg. -foot 21 b 9. 2 b 37, als plur. wurde wol men 14 b 8 vom schreiber von Ep. gefasst, vergl. § 30, 3 γ. fem. n. sg. aac 8 f 20. 22 d 2. mus 15 d 11. 25 b 32. 37. 28 f 21. luus 20 b 22. thruuch 8 f 10. 26 f 36. nom. plur. brocc 13 d 3. firgingaett 12 f 33 und der dat. furhum 23 b 22 (scrobibus).

C. Von den urspr. os-stämmen ist der plur. scerero 22, 35. iscrn sceruru 22, 40 belegt. auffällig ist das fehlen des r in hriđhiorde 9, 23 (vergl. W.-W. 358, 25) zum simplex ws. hriđer (Sievers, misc. § 288).

Einsilbige konsonant. stämme. masc. n. fot 39, 9 (pes) -foot 37, 37. 5, 3. dat. plur. butan tođum 49, 31. fem. n. sing. -muus 33, 27. 48, 29. 47, 27. aac 14, 30. 44; 6. luus 39, 3. đruh 52, 10. cuu 52, 29. furhwudu 39, 34 (? misc. § 283). gen. sg. gruiit 40, 24 (pollinis). plur. n. a. tyrb 12, 38 (cespites). firgengaet 26, 2 (ibices). gyrdilsbroec 30, 42. dat. furum 45, 13 (scrobibus). wætcrđrum 11, 2.

§ 60.

Deklination der adjectiva und participia.

Masc. nom. *a*-st. Nom. ist wol auch *fraam* 2 d 32 (*acris*). *ja*- und *i*-st. -*i*: *anhendi* 14 f 13. *sceolhegi* 26 b 15. *felospraeci* 27 b 10. *clibecti* 6 f 21. *ohaelđi* 21 d 16. *hunhieri* 26 d 10. *thriuuuintri* (*steor*) 19 d 14 (vergl. Sievers, gr. § 303 anm.). -*e*: *mere* 18 b 10. hierher gehören auch die part. praes. *brocdaettendi* 18 b 7 (*palpitans*). *soęrgęndi* 2 f 3 (*anxius*). *obaerstaelendi* 7 d 18 (*conuincens*). *uuraestendi* 11 f 14 (*indruticans*). *hlaeodrindi* 12 b 7 (*increpitans*). *taecnaendi, torctendi* 12 d 27 (*index*). *fultemendi* 2 d 35 (*adstipulatus*). [*risaendi*] 9 d 33 (*fibrans*). daneben findet sich das part. substantivisch ohne endung: *tyctaend* 12 b 8 (*inlex*). *scyhend* 15 b 30 (*maulistis*). *bisuicend* 12 d 28 (*impostorem*). *ferhergęnd* 10 d 37 (*grassator*). *wa*-st. *falu* 10 f 26 (*giluus*). *gelu* 8 f 28 (*crocus*). 10 d 17 (*giluus*). *bruunbesu* 17 b 33 (*ostriger*). dat. sg. *fultemendum* 2 f 20 (*adsessore*). acc. sg. *gefetodnae* 2 f 36 (*accetum*). *gegeruuednae* 7 d 25 (*conparantem*), doch steht das wort für *gegeruuendnae*, wie C. 14, 12 beweist. *ja*-st. *naetendnae* 18 b 27 (*proterentem*). instr. sg. *a*-st.: *halđi.* 18 b 29 (*penduloso*). *ginumni* 2 f 27 (*adepto*). *halbclungni* 24 b 28 (*semigelato*). *sume* (*daeli*) 18 b 1. *ja*-st. *tyctendi* 2 f 10 (*adridente*). *uuoendendi* 13 d 7 (*lymphatico*). nom. plur. *a*-st.: *suae haldae* 22 d 7 (*reclines*). *lytlae.* 8 b 17 (*sneglas*). *gimodae* 7 d 32 (*coniurati*). *hlutrae* 13 d 12 (*liquentes*). *ja*-st. *uuilđae* 2 f 26 (*agrestes*). (*berecorn*) *beręndae* 19 f 15 (*ptysones*). *haetendae* 7 f 1 (*calentes*). *ganaendae* 16 f 4 (*oscitantes*). *uuidirhliniendae* 12 d 18 (*innitentes*). acc. vergl. nom. *bibitnae* 14 d 15 (*mordicos*). gen. plur. *aedilra* 10 f 17 (*gregariorum*). *ja*-st. *staefnęndra* 2 d 36 (*alternantium*). dat. plur. *a*-st. *genyctfullū* 17 f 31 (*profusis*). *forsleginū* 18 b 19 (*profligatus* für -*is*, wie C. an der entsprechenden stelle 41, 8 hat). *ansuebidū* 24 d 3 (*sopitis*). *ja*-st. *restaendū* 9 f 11 (*quietis*). *ymbhringendū* 24 b 24 (*stipatoribus*). *tilgendum* 2 f 2 (*adnitentibus*).

Neutrum. sing. nom. acc. *uuilocread* 6 f 34 (*coccum bis tinctum*). *maanful* 12 b 14 (*infandum*). *hold* 9 b 38 (*ferinum*). *bruun* 6 d 26 (*burrum*). 9 d 33 (*furuum*). *gybyrdid*

8 d 36 (*clabatum*). *raebsid* 12 b 35 (*interceptum*). *auuaerdid* 28 d 29 (*uitiatum*). *gisiuuid* 23 b 27 (*sarcinatum*). *utathrungaen* 7 b 7 (*celatum*). *gibeataen* 6 b 81 (*battuitum*). *ja-* und *i-*stämme *hęuui* 10 f 11 (*glaucum*). *tindicti* 22 d 11 (*rostratum*). *clibecti* (*clibosum*) 6 f 21. *unfaecni* 16 b 26 (*non subsciuum*). *unbryci* 12 b 34 (*incommodum*). *wa-*st. *geolu* 28 b 26. *gelu* 9 d 16. instr. sg. *aengi þinga* 21 f 17. *unþyotgi egan* 28 d 31 (für *unþyhtgi*). *bisiuuidi uuerci* 16 f 40 (*opere plumari*). *unamaelti sperwi* 19 b 32 (*pice scuo*; für *smerwi*).

Manche unter dem masc. angeführte formen könnten natürlich auch neutr. sein.

Femin. nom. sg. *a-*st. langs.: *orsorg* 27 b 38 (*tuta*). *suacendlic* 17 f 37 (*percommoda*). *hringfaag* 19 f 35. 26 d 24 (*polimita*). *toch* 13 d 19 (*tarda, lenta*). *snel* 2 f 1 (*alacris*). *obaerstaelid* 7 d 22 (*conuicta*). *auunden* 26 d 27 (*torta*). *forslaegęn* 20 b 24 (*proflicta*), kurzsilb. unbelegt. gen. oder dat. sing. könnten sein: *frodrae* 18 b 39 (*proucctae*). *anslegaengrac* 12 d 15 (*inpactę*). *unofaercumenrac* 12 d 17 (*indigestae*). dat. sg. *staegilrae* 18 b 22 (*praerupta*). *framadoenre* 22 d 13 (*remota*), *ja-*st. *baedendrae* 12 d 21 (*inpulsore*). *gistaebnęndrac* 22 d 3 (*reciprocato*). *auundre* 28 b 7 (*torta*). instr. *binumni* 2 f 30 (*adepta*). *binumini* 2 f 32 (*ablata*); *fraehracdae* 18 b 5 (*propropera*) ist wol nom. pl. plur. n. a. *getrecudae* 9 d 35 (*foederatas*); *framlicae* 24 d 8 (*strenuę*). *tholicae* 28 b 25 (*uscidae*) sind eher adverbia, lat. *-ae* für *-e*, was öfter vorkommt, C. hat *-e*.

C. Masc. die *ja-* und *i-*stämme haben meist die endung *-e*: *anege* 30, 37. *scelege* 49, 3. *mercweard* 38, 20. *wraene* 39, 12. *hlysnende* 4, 5. *brogdetende, cleppetende* 11, 41. *brogdetende* 36, 32. *claemende* 35, 30. *ridusende* 39, 5. *hrutende* 18, 28. *brucende* E. S. 8, 6; doch begegnet noch oft die endung *-i*: *anhendi* 31, 23. *feluspreci* 51, 30. *ohęldi* 39, 15. *sorgendi* 6, 5. *tuigendi* 6, 11. *điendi* 27, 42. *onginnendi* 36, 21. *trondendi* 42, 4. *drili* E. S. 2, 11 (*trilex*). *wa-*st. *falu* 24, 22. *geolu* 24, 18. *gclo* 16, 4. *beosu* 22, 14. 36, 28. dat. sg. *ja-*st. *fultemendum* 3, 38 (*adsensore*). *fremmendum* 41, 20 (*praestante*). acc. sg. *gefeotodne* 3, 27, *ja-*st. *gegaerwendne* 14, 12. *naetendne* 41, 12. instr. die endung ist noch oft *-i*: *haldi* 38, 25 (*penduloso*). *unsmoeđi* 46, 11 (*scabro*). *halfclungni*

II. Deklination. § 60. adjektiva.

46, 25 (*semigelato*). *woedendi* 31, 19 (*lymphatico*). *gebinumini* 3, 41 (*ademto*); *-e* in: *sume* (*daeli*, *partim*) 36, 31. *idle* 12, 6 (*casso*). *agnidine* 17, 19 (*detritu*). *tyctende* 3, 35 (*adridente*). plur. n. a. *a*-st. *suaehalde* 43, 21 (*reclines*). *lytle* 14, 26. *gemode* 14, 15 (*coniurati*). *hlutre* 30, 14 (*liquentes*). *gredge* 5, 27 (*ambrones*), *ja*-st. *wildæ* 4, 28 (*agrestis*, Ep. *-es*). *beorende* 42, 13. *hatende* 10, 27 (*calentes*). *widerhlingende* 27, 21 (*innitentes*). *uuoedende* 8, 25 (*bachantes*). *geongendi* 36, 26 (entstellt, Ep. hat *ganaendae* an der entsprechenden stelle; *oscitantes*). accusative sind: *bibitne* 32, 40 (*mordicos*). *gelimplice* (*daele*, *conpetentes portiunculas*) 14, 43. *geroscade* 37, 25 (*pascsos*). gen. *unaedilsa* 24, 44 (*gregariorum*; für *unaedilra*). *ja*-st. *stacfuendra* 5, 7 (*alternantium*). *olęctendra* 38, 3 (*palpantum*). dat. *a*-st. *genythfullum* 40, 34 (*profusis*). *cfnum* 4, 15 (*aequatis*). *geapum* 37, 17 (*pandis*). *bitrum* 43, 2. *forslaegenum* 41, 8. *onsuebdum* 47, 25. *gebegdum* 3, 36. *gchyddum* 3, 6. *todaeldum* 17, 39. *ahlocadum* 18, 41. *wrastum* 17, 9. *ja*-st. *ymbhringendum* 48, 20. *tilgendum* 4, 3. *seobgendum* 17, 10. *smoedum* 40, 15. *wa*-st. *gearuum* 20, 23. Neutrum. sg. n. *a-st. manful* 26, 35 (*infandum*). *grei* 24, 32 (*glaucum*). *hold* 21, 36 (*ferinum*). *bruun* 10, 4 (*burrum*). 23, 24 (*furbum*). *ald uuif* 6, 9. *gebreded flaesc* 53, 40. *ja*- und *i*-st. *unfaecni* 34, 23 (*non subsciuum*) *fraccni* 49, 14 (*subsciuum*, für *faecni*). *groeni aar* 8, 6. *unbryce* 26, 16 (*incommodum*). *tindecte* 44, 7 (*rostratum*). *wa*-st. *geolu* 22, 27 (*flabum*). 52, 39 (*uenetum*). instr. *bisiudi* (*werci*, *opere plumario*) 36, 8. *aengepinga* 42, 38 (*quoquo modo*). *naenge earbede* 34, 35 (*nullo negotio*). *undyhtge egan* 53, 38 (*uitiato oculo*). *unamalte smeoruue* 39, 25 (*pice saeuo*). plur. neutr. *ja*-st. *gegangendo* 14, 46 (*coituras = -a?* fem. sg.?).

Femin. nom. sg. *blaco* 42, 25 (*pulla*). *unmaclo* 54, 5 (*uirgo*). gen. oder dat. *frodre* 41, 13 (*praefectae*). *onligenre* 27, 19 (*inpactae*). *unobercumenre* 27, 20 (*indigestae*), dat. *staegilre* 41, 9 (*praerupta*). *from adoenre* 43, 23 (*remota*). *baedendre* 27, 23 (*inpulsore*). *gistaefnendre* 43, 20 (*reciprocato*). *awundere* (*suiopan*) 52, 31. *aetweosendre* 26, 20 (*imminente*). instr. *frachraede* 41, 2 (*propropera*). *binumine* 3, 1 (*ablata*). *toworpne* 16, 45 (*destitutae*). *gesiuuide* 3, 33 (*adsutæ*). n. a. plur. (?) *gesiuwide* 3, 33 (*adsutæ*). *toworpne* 16,

45 (*destitutae*). *getreuuade* 22, 37 (*foederatas*). *u*-st. *calwa* 5, 13 (*alapiciosa*; sw. m?).

§ 61.
Steigerung der adjektiva.

Ep. Nur der comparativ (*bituicn*) *aeldrum* 12 d 29 (*inter primores*) und die superlative: (*tha*) *deatlicostan* 9 f 2 (*funestissima*) und *earbetlicust* 14 d 21 (*molestissimum*) sind belegt.

C. compar. *fromra* 41, 18 (*praestantior*). *acldra* 46, 36 (*senior*). *aeldrum* 27, 30. superl. *earbetlicust* 32, 41. *deatlicustan* 23, 36.

§ 62.
Adverbia.

Die gewöhnliche endung des adverbiums in Ep. ist *-ae*: *suithae* 21 f 15. 16. 27 d 2, die auf *-licae*: 3 b 15. 18 b 25. 16 b 7. 18 b 28. 7 d 9, daneben *-e* in: *geornlice* 17 b 8 (*obnixe*). *gihaeplice* 7 d 37 (*conpar*).

Für einen durch umlaut gebildeten adverbiälen comparativ hält Sievers, misc. § 322, *tylg* 18 b 18 (*propensior*), zu got. *tulgus*, auch C. 41, 7. hat *tylg*.

C. Die adverbiale endung ist überall *-e*: *suide* 18, 9. 50, 5. *-lice*: 3, 2. 6, 6. 13, 41. 14, 19. 18, 4. 45. 19, 2. 25, 42. 33, 38. 34, 4. 35, 7. 38, 1. 14. 27. 53, 21. 54, 32.

Ich erwähne ferner noch die ortsadverbien auf *-an*: *eastansudan* 3, 4. *sudanwestan* 3, 7. 4, 25. *eastannorþan* 3, 8. *nordanwestan* 3, 11; *þanan* 26, 7 (*illic*). *biheonan* 13, 13. *bigeonan* 51, 35; die auf *-er*: *uueder* 28, 39 (*istic*). *hider* 28, 40 (*istuc*). *hider ond hider* 54, 10.

Adverbiale dat. instr. sind: *þreatmelum* 31, 22. *stycci melum* 36, 33. 38, 12. *wearnmelum* 25, 1; *þrage* 26, 30 (*interim*).

Kapitel 4.
Die mundart der denkmäler.

§ 63.

Die übereinstimmung, welche Ep. C. und Erf. im ganzen und grossen bei jeder lautlichen erscheinung aufweisen, macht die bemerkung fast unnötig, dass diese drei denkmäler einem und demselben dialekte angehören müssen. Sweet, Transactions of the Philol. Soc. 1875/6 pag. 543, erklärt Ep. und C. für kentisch, ebenso zählt Sievers, gr. § 2, 2 die Epinaler glossen dem kentischen dialekte zu und wir haben demgemäss zu prüfen, ob die sprachlichen eigentümlichkeiten, welche diese denkmäler zeigen, mit denen übereinstimmen, die man bisher als kentisch erkannt hat oder erkannt zu haben glaubt. in keinem denkmal sind die für das kent. charakteristischen züge so ausgeprägt wie in den sog. kentischen glossen, welche Zupitza im 21. 22. bd. von Haupts ztschr. mit grammatischer einleitung herausgegeben hat. an sie werden wir uns bei betrachtung der lautlichen eigentümlichkeiten vorzüglich anzuschliessen haben.

§ 64.
Auftreten des *e* für andere vokale im ws.

1. Zunächst ist auf das erscheinen des im kent. so beliebten *e* für die tonerhöhung des *a* aufmerksam zu machen. zwar steht in der mehrzahl der fälle in Ep., C., Erf. noch *ae*, *æ* dafür, doch ist dies dem hohen alter der denkmäler

zuzuschreiben, die auch in vielen anderen fällen das breitere
ae für *e* setzen (umlaut von *a* § 3 *β*, auch in unbetonter
silbe, part. praes., sw. f. etc.). andrerseits ist *e* für *ae* doch
so häufig, dass dieser umstand allein genügen würde, die
denkmäler dem ws. abzusprechen. sporadisch kommt auch
in den k. gl. *ę* (nicht *œ*) für die tonerhöhung vor, wofür
Zupitza die belege giebt.

2. umlaut von gebrochenem *a*. das ws. hat als umlaut
der brechung des *a*: *ie, i, y*, die k. gl. mit nur zwei aus-
nahmen *e*. vor *r* + kons. setzt auch Ep., Erf., C. gewöhn-
lich *e* (§ 20, 1), daneben das beliebte *ae, œ*. nur einmal
begegnet in C. *ie* für den umlaut: *gierende* 50, 9, doch nimmt
dieses wort im ae. überhaupt eine sonderstellung ein.
vor *l* + kons. ist der umlaut häufiger *ae* als *e* (§ 3, 4),
während die k. gl. durchgängig *e* zeigen. diese erscheinung
wird man nicht auf die vorliebe für *ae* = *e* in Ep. Erf. C.
zurückführen dürfen, da auch der unumgelautete laut in unsern
denkmälern von dem der k. gl. differiert. sie erhalten das
a in diesem falle im gegensatz zu den letzteren, die nur
viermal ungebrochenen vokal haben (Zupitza p. 7). doch ist
das erscheinen bezw. nichterscheinen der brechung lediglich
eine frage des alters, nicht der mundart, vergl. Zeuner pag.
25. die bei Zupitza, übungsb. [2] p. 13 abgedruckte kent. ur-
kunde aus dem 9. jahrh. bewahrt gleichfalls das reine *a*:
aldormonn 13, 1. *allmehtgum* 3. *saldon* 9. *all* 14, 26. in
den mittelenglischen evangelien (Cod. Royal 1 A 14 und
Cod. Hatton 38)[1]) begegnet in ungefähr gleichem procentsatz
a und *ea* vor *l* + kons. doch wird man wol annehmen müs-
sen, dass *a* hier weiterentwickelung aus *ea* und nicht mit
dem *a* in Ep., Erf., C. zu identificieren ist.

Für das gewöhnliche *ae* (*e*) als umlaut von *a* vor ge-
decktem *l* hat C. einmal *y*: *widstylde* 17, 26. hiermit zu
vergleichen ist das verhältnismässig häufige auftreten von
y für *e*, *ŷ* für *ê* in den k. gl. *acyrad* 398. *cynd* 291. *ge-
hydlęct* 602. *bryn* 1086; *abrycan* 45. *myrlic* 67. *mȳgd* 876.
lyce 1085. *lyssan* 1100 (Zupitza pag. 6).

---

1) Max Reimann, Die sprache der mittelkent. evangelien, Berlin
1883, § 3, 2. § 18, 1a.

3. umlaut des kurzen *eo*. Ep. hat nur drei belege, die *ie* als umlaut zeigen. in C. macht sich *e, ae* (neben *i, y, io*) bereits geltend (§ 24). die k. gl. haben *e*.

4. Anlautendes *g, c, sc* hat auf folgendes *e, œ, ê, ê* keinen einfluss (§§ 27 und 44). um so mehr muss es wunder nehmen, dass einmal in Ep. *gibaen* 12 b 37 erscheint. doch hat hier das urspr. *e*, welches C. (27, 9 *geben*. 18, 17 *ofgefen*) und Erf. (i 73 *geben*) bewahren, ebenso wenig die entwickelung *e, ié, e* durch den einfluss des *g* erfahren, wie in k. gl. *ea* in *hlih(h)an* 11.1150 und *tirhđ* 508 die entwikkelung *éa, ie, i*. es ist das vereinzelte auftreten des *i* (*y*) für *e* vielmehr eine spec. kentische erscheinung, die Zupitza wol mit recht dadurch erklärt, dass *e* im kent. sehr hoch gesprochen wurde. zu vergleichen ist in den mittelkent. ev. *gyfan, gyfen, gyfe* neben *gefen, gefe* etc., Reimann pag. 54.

5. Der umlaut des *u* ist in Ep., Erf., C. *y*. *gecendilican*, das Sweet, dialects and prehist. forms (Trans. Phil. Soc. 1875/6) pag. 557 aus Ep. anführt, beruht auf irrtümlicher lesart Mones. die neue ed. Sweets liest *gecyndelican* 10 f 18. so auch *y* in der praeposition *ymb:* Ep. 24 b 24 *ymbhringendum*, C. *ymb-* 5, 28. 48, 29. 17, 8. auch allein: *ymb* 40, 10. doch begegnet C. 5, 32 *oemsetinne*, das wol einem ws. *ymb-* entspricht und § 16 nachzutragen ist, vergl. k, gl. *ymbhédriga* 352. *ymbsclę* 157 neben *emhwerfte* 271. cf. auch Reimann § 7, 4b.

§ 65. *ê*.

1. Für das lange ws. *œ* = german. *ê* hat Ep. Erf. C. überwiegend *ê* (§ 6, 1) wie die k. gl. der umlaut von *â* ist in Ep. noch stäts *ae*, doch die späteren Erf. C. kennen auch bereits das in den k. gl. gewöhnliche *e* (§ 6, 2). auch die letzteren haben noch 13 mal *ę* für ws. *ae*.

2. Umlaut von *éa* ist wie in den k. gl. *ê* (§ 22). sonst findet sich *ê* für *éa* in Ep. 17 f 34 *treulesnis*[1]). C. 44, 28 *gleu* (= ws. *gléaw*), vergl. k. gl. *berêfađ* für *beréafađ* 348.

3. *éo* (auch *îo*) erscheint in Ep. C. umgelautet als *iu*,

---

[1]) Doch ist nach dem *e* ein buchstabe (*u*) ausradiert, aber auch Erf. p. 21 *treulesnis*. auch *re[a]d* Ep. 6 f 34 ist zu beachten.

io, ie, e (§ 26). ganz entsprechend ist es, wenn die k. gl. als umlaut haben α) *io* (= *iu* und *io*), so im praes. 3. sg. (vergl. Zupitza a. a. o.). *bebiot* 816. *togiot* 914. *ahriosᵭ* 386. *atiohd* 1122. *forflioh* 408. β) zuweilen *ê* wie in C. (a. a. o.). γ) *î*, das wol dem *ie* in Ep. und C. entspricht (wie frühwests. *ie* = spätws. *î*). die verschiedenen gestalten, in denen der umlaut von *éo* in unsern denkmälern sowol wie in den k. gl. erscheint, sind besonders beachtenswert.

4. Dass der umlaut von Ep. und C. als *oe* und nicht wie in den k. gl. als *e* erscheint, kann man ohne skrupel dem hohen alter der ersteren zuschreiben. Ep. hat noch keine spur von *e*, während das spätere C. zwei belege aufweist (§ 14). *ae* als umlaut von *ô* (Ep. Erf. C. *faehit, faedun*) haben die k. gl. gleichfalls: *swęiᵭ* 12. *fęrᵭ* 184.

5. *é* für *ȳ* begegnet nicht.· es hat sich erst in späterer zeit im kent. entwickelt (18, 1). *obgibeht (destituit)* C. 16, 40 ist als sw. v. zu fassen, nicht vom st. *bûgan*.

§ 66.

ea, eo, êa, êo und deren palatalumlaut.

1. Wie die k. gl. setzen auch Ep. und C. zuweilen *ca* statt *eo, co* statt *ea* (§ 23). die langen diphthonge werden gleichfalls vertauscht, Ep. *trea* 2 b 17. *uueadhoc* 23 b 28. *neuunseada* 11 f 30, C. *earngeot* 7, 7. *gefreos* 34, 41. *eorscripel* 6, 23. *genaeot* 27, 41, endlich auch *ia: scia* 16, 8. *biaᵭ* 6, 16.

2. Die vorliebe für *io* statt *eo* macht sich bereits bemerklich. Ep. *wandaeuui[o]rpae* 27 d 22; C. *briostbiorg* 42, 8. *scriopu* 46, 9. *tiorade* 17, 32 und fast immer *io* für gebrochenes *i* (§ 23, 3β). Ep. hat mit einer ausnahme (*geolu*) *e, i* vor dunkelem vokal erhalten. *io* für *éo* ist in Ep. und C. häufig (§ 25). (vergl. Zupitza pag. 9).

3. Vor *h* erfährt die brechung *ea* den palatalumlaut, § 20. die k. gl. setzen gewöhnlich *ea* (Zup. p. 7), aber kennen auch *e: ehtende* 1042. vereinzelt ist *ea* auch in Ep. C. bewahrt, Ep. *leactrocas* 8 f 34. *leax* 12 f 11. C. *leactrogas* 14, 35.

4. Vor gedecktem *r̈* ist die brechung in Ep., Erf., C. und k. gl. (Zup. p. 7) die gewöhnliche erscheinung. das

§ 66. *ea, eo, eá, eó.* § 67. sonstiges über die vokale. 95

schwanken zwischen *a* und *ea*, *e* und *eo* vor *r* + palatal teilt Ep. C. Erf. mit den k. gl. Ep. hat in diesem falle oft *ea* erhalten (§ 19, 1), für C. ist dafür kein beleg vorhanden, wol aber für bewahrung des *eo, io: licbeorg* 44, 31. *briostbiorg* 42, 8. k. gl. *stiorce* 525.

5. Vor dunkelem vokal tritt oft brechung ein, auch wenn derselbe zur flexionssilbe gehört oder der ursprünglich dunkele vokal zu *e* geworden ist (§ 19. § 23). in Ep. ist widerum oft noch der ungebrochene vokal erhalten. aus den k. gl. citiert Zupitza: *neofan. weogus* (zu *weg*). *giofu. hiore* (gen. plur.). *gesweotelað.*

6. Folgt auf *éa, éo* ein palatal, so wird der diphthong· in Ep. häufig, in C. meist monophthongiert, § 22 II, § 26 II. auch in den k. gl. herrscht schwanken zwischen einfachem vokal und diphthong, der letztere überwiegt, vergl. aber *déh* 1034 (ws. *déah*). *smégan* 953.

§ 67.
Sonstiges über die vokale.

1. *a* vor nasalen.

A vor *m* ist in den k. gl. mit einer ausnahme (*fromiað* 313) erhalten. vor *n* wechselt *a* mit *o*, doch begegnet nur *o* im praefix und der praeposition *on* und in *mon* (d. h. 3mal) etc. ich glaube nicht, dass hierin ein dialektisches kennzeichen zu sehen ist. Ep. setzt *a* (ausnahme: *onettae*), auch in der praep. *an* 2 b 33 und häufig im praefix *an*- (§ 1, 2 αβ). C. hat in den weitaus meisten fällen *o*, auch *on* 5, 2. 19, 42 und meist im praefix *on*-, aber auch *an*-. vergl. *þanan* 26, 7 neben *huonan* 54, 17.

2. Die formen k. gl. *unsleac* 140. *scleacnes* 694 (neben reinem *a*) sind auffällig, da voraufgehender palatal sonst ohne einfluss ist. C. hat das wort in der form: *asclacade*. 25, 22. *asclaecadun* 18, 11, neben *slacc* 43, 17. -*e* 19, 5. das eindringen des *c* ist k. gl. und C. gemeinsam.

3. Sievers, Beitr. IX pag. 200 (§ 56) glaubt in dem gebrauch des wortes „durch" in den ae. dialekten folgenden unterschied zu entdecken: ws. kent. (kent. gl.) *durh*, merc. (Vesp. Ps.) *ðorh*, nordh. *ðerh.* doch schliesst Sievers, nur aus den späteren denkm., denn Ep., C. und Erf. haben nur

þorh: Ep. 18 b 16. 33 d 8. *þorgifect* 18 b 11; C. 38, 22. 30. 31. 33. *đorh-* 38, 21. 51, 27. 52, 1; Erf. p. 38. 43. 59.

4. Es ist hier noch das umgelautete part. von *dôn* zu erwähnen, Ep. 22 d 13. C. 43, 23. 26, 22, k. gl. allerdings *hit :s don* 221. *siont ondone* 232 (*aperientur*).

5. Die erklärung des suffixes *-nis, nisse* für das in den k. gl. allein übliche *-nes, -nesse* braucht man nicht einmal in dem hohen alter unserer denkmäler zu suchen, da z. b. auch in den mittelkent. ev. eine hs. (Royal 1 A XIV) *-nys* entschieden vorzieht und auch die übrigen hss. *-nys, -nis* verwenden (Reimann pag. 48).

§ 68.
Die konsonanten.

1. Eines der hauptmerkmale des kentischen ist die vokalisation des *g* nach offenem und geschlossenem *c, ĉ.* sowol Ep., wie Erf. und C. haben dafür belege (§ 46). in C. ist auch der in den k. gl. begegnende lautliche vorgang belegt, dass sich vor *g* ein parasitisches *i* bildet, ohne dass das erstere geschwunden ist, vergl. *meig* C. 13, 36 und *meige* k. gl. 958 etc.

2. Wie nun die vokalisation des *g* nach hellen, so wird die vokalisation des *w* nach dunkelen vokalen als charakteristisch für das kent. angesehen werden müssen. Ep. bietet dafür noch keine belege, wol aber C. (§ 30, 3*r*). die k. gl. stimmen mit C. überein, vergl. *gleaunisse* C. 6, 42 mit *ungleaunesse* k. gl. 520. *heardheau* C. 13, 9. *meaw* C. 5, 16. 24, 7. 29, 25 mit *lateau* k. gl. 131, *-stou* C. 1, 2. 14, 5 mit *welhriou* k. gl. 367.

3. Unorg. *h* im anlaut ist sehr häufig in Ep. (§ 47, 1) und k. gl., seltener in C. auch die mittelkent. denkm. setzen oft unorgan. *h*, Reimann pag. 46. Danker pag. 21.

4. Parasit. *c* begegnet in C. in *asclacade* etc. vergl. § 67, 3.

5. Auslautendes *c* für *g* (k. gl. *gremetunc* 686. *wordlunc* 61. *anbidinc* 376. 886) kennt auch C. *uulatunc* 33, 36. *wicincsceadan* 39, 23. vergl. auch *oncgseta* C. 42, 18 mit *anbidincges* 599. dass Ep. in dergleichen fällen noch stats den

urspr. laut erhalten hat, kann bei dem höheren alter des denkmals nicht auffallen.

6. Von dem übergang des auslautenden *g* in *h* hat Ep. noch keine spuren. in Ep. finden wir denselben vereinzelt (§ 46), in k. gl. ist *h* vollständig durchgedrungen. im inlaut ist der übergang bereits in Ep. belegt: *faehit*, so in C. Erf. C. auch mit synkope in der 3. p. sg. praes. *obgibeht* 16, 40.

7. Was den gänzlichen ausfall von inlautendem *h* betrifft, so ist *forsliet* 28, 16 C. mit *forsiod* 529. 540 k. gl. zu vergleichen.

8. *ongen* k. gl. 187. 1060; *ongensette* C. 35, 12 (Ep. unbelegt).

9. ausfall des mittleren von drei konsonannten (Zupitza pag. 11): *geeblicadun* C. 42, 32. *oemsetinne* 5, 52.

10. *crump* C. 35, 8; *lamp* k. gl. 214.

§ 69.
Die flexion.

Es ist hier das auftreten von *t* für *đ* in der 3. pers. sg. praes. zu erwähnen, welches in Ep. Erf. C. wie in k. gl. sehr häufig ist. über die dritte pers. sg. praes. vergl. ferner § 68, 6. endlich ist noch auf das praet. part. sw. 2. kl. aufmerksam zu machen. dasselbe hat in Ep. zwischen -*udae*, -*odae* und -*adae* schwankende endung. in C. kommt -*ude*, -*ode* noch vor, doch ist -*ade* das gewöhnliche. in den k. gl. ist -*ade* gänzlich durchgedrungen (nur 3 mal: *ede*).

Nachträge und berichtigungen.

Pag. 7. anm. 1. Beachte in W.-W. noch *cealre* 369, 29. *cealerbriw* 369, 31 und *cealfre* 280, 34. es scheint allerdings, als ob in späterer zeit ein nom. acc. *cealre* gebildet worden sei (der in den häufigen belegen der ältesten denkm. nie begegnet), vergl. *gewirc niwne cealre* Lchdm. II 108, 3, falls. nicht etwa hier *niwre* für *niwne* zu lesen ist.

pag. 24. anm. 1. *uuetma* ist wol trotz W.-W. 225, 7. 388, 13 nicht als entstellt aus *uued*, sondern als nebenform von *wituma* anzusehen (*weotoma* 388, 13. 525, 28), vergl. altfries. *wetma* und dasselbe lautl. verhältnis bei *smeodoma* C. 40, 11 neben *smedma* W.-W. 153, 41. 505, 12 und *smidema* Leviticus 2, 2.

§ 16. Einmal findet sich in C. 5, 32 *oe* (das spätere kent. *e*) als umlaut von *u: oemsetinne*, in dem die erste silbe gewiss = ws. *ymb* zu denken ist (§ 64, 5. § 68, 9). lat. *amtes* = *antes* (s. dieses wort bei Du Cange).

§ 46. Es ist noch zu berücksichtigen: *hunac[g]aepl* 20 d 10. *uncysti[g]* 9 b 36. § 47, 1. *[h]raed* 18 b 17. *naecht[h]raebn* 16 b 15. *uualh[h]ebuc* 11 d 35.

Es sei noch bemerkt, dass ich die zahlreichen darübergeschriebenen buchstaben in Ep. zwar nicht durchgängig aber überall da, wo sie lautgesetzlich von wichtigkeit sein können, durch [] bezeichnet habe.

pag. 60. anm. 1. Auch W.-W. 350, 14: *Asses corteas, liperene trymsas*. dass der schreiber von XI bei W.-W. (11. jahrh.) nicht *trymsas* als *prims-* gefasst hat, beweist die erhaltung des *t*. das beständige auftreten von *i* für *y* in *liprine* in dieser gl. macht es wahrscheinlich, dass die schreiber bei diesem wort an *leder* dachten, wozu das lat. *scorteas*, welches merkwürdiger weise auch dazu stimmt, beigetragen haben mag.

Von den bemerkten **druckfehlern** könnten ff. veranlassung zu irrtümern geben: pag. 9 z. 30 lies *huonhlot* statt *huonhl͞ot*. p. 20 z. 3 ws. *e* für ws. *c*. p. 24 z. 7 lies *istic* für *ist(u)c*. p. 42 z. 16 *hondfulbeowes* für *-cs*. p. 48 z. 16 *uudubil* für *undubil*. z. 21 *uuindae* für *uuindaea*. p. 49 z. 17 lies neben für *neben*. p. 93 z. 9 *e, ié, i* für *e, ié, e*. p. 27 anm. 8 lies: *dráhjan* für *dráhajn*. p. 28 z. 3 *broðorsunu* für *-sunn*. p. 45 z. 8 *sigiras* für *sigirus*.